PLANEACIÓN PARA EL DESARROLLO MUNICIPAL

PLANEACIÓN PARA EL DESARROLLO MUNICIPAL

(MANUAL)

DR. RAFAEL VELA MARTÍNEZ
DR. MARIO RAÚL MIJARES SÁNCHEZ
MTRO. LEONARDO DANIEL RODRÍGUEZ HERNÁNDEZ
DR. ÁNGEL TOLEDO TOLENTINO

Número de Control de la Biblioteca del Congreso de EE. UU.:   2021918273
ISBN: Tapa Dura   978-1-5065-3864-8
             Tapa Blanda   978-1-5065-3863-1
             Libro Electrónico   978-1-5065-3862-4

Fecha de revisión: 14/09/2021

Para realizar pedidos de este libro, contacte con:
Palibrio
1663 Liberty Drive, Suite 200
Bloomington, IN 47403
Gratis desde EE. UU. al 877.407.5847
Gratis desde México al 01.800.288.2243
Gratis desde España al 900.866.949
Desde otro país al +1.812.671.9757
Fax: 01.812.355.1576
ventas@palibrio.com
834842

ÍNDICE

Apartado IV
Marco Legal de la Planeación Municipal

Secretaría de Gobernación, Secretaría de la Defensa Nacional, Secretaría de Seguridad y Protección Ciudadana, Secretaría de Hacienda y Crédito Público, Secretaría del Bienestar, Secretaría de Medio Ambiente y Recursos Naturales, Secretaría de Energía, Secretaría de Economía, Secretaría de Agricultura y Desarrollo Rural, Secretaría de Comunicaciones y Transportes, Secretaría de Educación Pública, Secretaría de Salud, Secretaría de Desarrollo Agrario, Territorial y Urbano, Secretaría de Cultura, Secretaría de Turismo

Apartado V
Marco legal en el estado de Veracruz

Constitución Política del Estado de Veracruz de Ignacio de la Llave, Ley de Planeación del Estado de Veracruz Llave (Ley número 12), Ley Orgánica del Poder Ejecutivo del Estado de Veracruz de Ignacio de la Llave (Ley número 58), Secretaría de Gobierno, Secretaría de Seguridad Pública, Secretaría de Administración y Finanzas, Secretaría de Educación, Secretaría de Desarrollo Económico y Portuario, Secretaría de Infraestructura y Obras Públicas, Secretaría de Desarrollo Social, Secretaría de Medio Ambiente, Secretaría de Desarrollo Agropecuario, Rural y Pesca, Secretaría de Salud, Secretaría de Turismo y Cultura, Secretaría de Protección Civil, Ley Orgánica del Municipio Libre (Ley número 9), Los Objetivos de Desarrollo Sostenible y la Agenda 2030 del PNUD

PRESENTACIÓN

El pasado seis de junio de 2021 los veracruzanos votaron a favor del nuevo *Proyecto de Nación*. Mediante este ejercicio ciudadano demandaron mejores autoridades, escuelas, servicios de salud e infraestructura públicos.

Estimado lector, tras pasar mucho tiempo frente la computadora, los autores de este manual estudiaron e investigaron intensamente las muchas peticiones y preocupaciones de los ciudadanos mexicanos, para que, una vez finalizado el minucioso estudio, los presidentes municipales tuviesen una guía fiable de cara a desarrollar la planeación y así presidir un buen gobierno en beneficio de la comunidad que representan. El libro-Manual *Planeación para el desarrollo municipal* refleja el propósito de que así sea. Ahora, sólo falta pasar del papel a los resultados, para de este modo establecer gobiernos municipales eficientes.

La presente obra pretende contribuir al conocimiento teórico, pero está más dirigido a lo práctico; es una publicación pensada para todos aquellos quienes se desempeñan como responsables de la cosa pública, sobre todo a los que son los encargados del desarrollo de la célula vital de ese todo compuesto de partes que es el Estado Mexicano: me refiero al municipio tan olvidado y desacreditado por propios y extraños.

Sin duda, el documento que tiene usted en sus manos es revelador dado que constituye una fuente de reflexión, tanto para los presidentes municipales electos como para los salientes. A través de sus páginas, escritas con puntualidad y decoro académicos, se podrá entender el por qué la visión política es fundamental para gobernar en ese nivel de responsabilidad, donde dirigir con autoridad a sus subordinados o servidores públicos determinará, sin lugar a duda, una mejor atención a su comunidad.

La decisión política es la que debe prevalecer en la planeación, ya que es la única que puede vislumbrar a largo plazo las necesidades de los gobernados y, sobre todo, darles solución. Desde esta perspectiva, es urgente que el *Plan de Desarrollo Municipal* deje a un lado el enfoque tecnócrata, el cual se halla revestido de procedimientos administrativos, jurídicos, económicos y sociológicos, los cuales se utilizaron desafortunadamente en todo el ciclo conocido como neoliberal.

En todo este periodo, vigente durante más de 40 años, se manejaron y, por desgracia, se continúan esgrimiendo categorías externas, mismas que pertenecen más a la administración angloamericana que a los principios rectores soberanistas del Estado mexicano. La petición estriba en que se tiene que regresar al lenguaje entendible, donde, en lugar de política pública, se le informe al pueblo que son *programas sociales*, tal como lo está manejando el Ejecutivo federal. Ejemplos de ello abundan: programa de la tercera edad, programa de discapacitados, programa de jóvenes construyendo el futuro, entre otros más.

El inconveniente radica en que incluso la mayoría de los servidores públicos no tiene claro qué es eso de política pública; lo mismo sucede con otras conceptualizaciones más como *gobernanza*. Así, pues, el propósito es innovar con nuestras propias experiencias, sin olvidar el conocimiento universal, pero adecuándolo a este nuevo panorama. Es necesario instaurar modelos o paradigmas cercanos a nuestra realidad, esto con la idea de ayudar a desarrollar el nuevo *Proyecto de Nación* que empezamos a vivir, con decisiones políticas distintas a las llevadas a cabo en el ciclo signado por la *Doctrina Económica de Liberalismo*.

Sin duda, muchos servidores públicos o empleados municipales tienen experiencia y talento para participar de manera propositiva y lúcida en las encomiendas de la administración pública. Sin embargo, el problema se presenta cuando arriba un presidente municipal, pues inserta mucho personal que no tiene conocimiento sobre ella. Ante este dilema, es indispensable que dentro de la visión y toma de decisiones políticas se reconsideren tales circunstancias, pero también es importante no desatender la aportación enriquecedora de los empresarios, obreros, campesinos, comerciantes e intelectuales, ávidos de tener una calidad de vida aceptable en su comunidad.

Ante este panorama, resulta conveniente terminar con la complejidad de los actuales organismos públicos, ello ha provocado una total ineficiencia burocrática, la cual, a nivel nacional, ha determinado un periplo azaroso para el devenir del país, y que sin duda millones de mexicanos hemos sido víctimas en al menos una ocasión. Habrá que eliminar la insensibilidad, tanto del responsable de gobernar como de administrar, pero también de la ciudadanía, muchas veces manteniéndose al margen de sus responsabilidades cívicas.

Mi deseo es que se pase de la teoría a los resultados concretos, en donde a los presidentes municipales se les vaya eliminando ese halo de desconfianza que se les tiene en general; que logren mostrar de manera real y transparente en qué se invierten sus participaciones hacendarias, pero no sólo del presupuesto federal sino de los recursos propios del municipio. Otra petición es la de denunciar o convencer a los regidores, en caso de que no cooperen, de sumarse a ese impulso transformador enarbolado por el jefe del Ejecutivo.

El presente texto que tiene usted en sus manos pretende mejorar el desempeño del responsable político, mismo que tendrá que hacer que su brazo ejecutor -me refiero a sus servidores públicos o administradores públicos- tenga el mismo comportamiento en todas las áreas, y en donde finalmente se desarrollen los programas sociales y la atención a la comunidad.

El gobierno federal actual ha logrado un gran nivel de confianza en el pueblo, nunca como ahora. En este sentido, sería importante que los presidentes municipales entrantes no desperdicien la oportunidad que tienen para lograr el mismo resultado. El Ejecutivo federal está rodeado de funcionarios públicos quienes han sabido sortear modelos administrativos ineficientes, tales como son los esquemas presupuestales, administraciones de personal, de adquisiciones, de información, entre otros.

De ahí la importancia de rodearse de un personal profesional, eso evitará realizar controles sobre controles, y normas jurídicas que no dejan tener un servicio eficiente. Está comprobado que la implementación de todos estos ajustes no ha podido terminar con los derroches, fraudes, corrupción y abusos. No está de más recalcar cuán importante es abandonar este tipo de administración burocrática, para instaurar, vía ejemplo del responsable político, una administración de la confianza.

Mario Raúl Mijares Sánchez
Rector de El Colegio de Veracruz

INTRODUCCIÓN

Veracruz enfrenta profundos retos en materia económica, política, social, ambiental, de infraestructura y equipamiento urbano, en vías de comunicación, inseguridad, entre otros aspectos relevantes. Esta situación obliga a tomar medidas pertinentes para solventar los déficits relacionados a estos temas y reajustar el rumbo mediante el diseño de programas sociales con una perspectiva local y regional. Para lograrlo es necesario llevar a cabo una planeación bien estructurada con la participación de los distintos actores sociales y políticos, apoyados por la comprensión de las distintas realidades y sustentadas en un profundo conocimiento técnico y científico.

Uno de los actores sobresalientes para llevar a cabo estos cambios recae en el responsable del Municipio, su órgano administrativo y de Gobierno más cercano a la población y desde donde se pueden dar soluciones a un gran número de problemas actuales y apremiantes de la sociedad a través de la integración del Ayuntamiento, el cual cobra aún más relevancia dado que está por tomar posesión el primero de enero de 2022 y cuyos presidentes tendrán las riendas de sus municipios durante los próximos cuatro años.

Lo anterior es imperante dada la urgencia que tienen los Ayuntamientos de contar con servidores públicos mejor preparados, con conocimientos básicos desde el punto de vista administrativo y legal, pero sobre todo servidores públicos conscientes de que el desarrollo óptimo -con una visión sustentable- requiere necesariamente de una adecuada planeación sobre los programas y acciones a desarrollar en favor de sus habitantes.

En este sentido, es frecuente que al inicio de las administraciones municipales los ayuntamientos contraten despachos para que elaboren los planes de desarrollo, quedando fuera y sin involucrarse de forma directa en su realización, razón por la cual en la mayoría de los casos queda en evidencia que se trata únicamente de cumplir con un requisito enmarcado en la Ley[1], es decir, la planeación municipal no se valora como un instrumento a través del cual se pueden alcanzar mejores condiciones de desarrollo, mayores estándares de bienestar de la población, crecimiento económico, generación de empleo, entre otros; simplemente se le ve como un requisito que hay que cumplir para un periodo determinado. El resultado de esta forma lleva a la obtención de un documento que finalmente se guarda en una vitrina como testimonio de haber cumplido con la ley, pero de ninguna manera se convierte en el hilo conductor de las acciones de gobierno y el sustento en el diseño de ejecución de los programas sociales a nivel municipal.

Además de lo anterior, existen otros casos en donde se confunde la planeación municipal enfocada en la empresa o de índole corporativa con el plan de desarrollo, lo que lleva a la definición de objetivos en donde el ciudadano se convierte en un cliente y los partidos políticos en competidores, ocasionando con ello situaciones de ingobernabilidad, ausencia de gobierno y pérdida de confianza, escenarios propicios para el surgimiento de conflictos y expresiones ciudadanas que afectan al sistema económico local y regional.

De hecho, en la historia municipalista de Veracruz se puede afirmar que, salvo contadas excepciones, no han existido trabajos premeditados que hayan orientado la acción de gobierno hacia el desarrollo; un proceso que haya tenido como sustento un profundo conocimiento técnico y científico de la realidad que se ha intervenido por parte de los funcionarios de los gobiernos locales, lo que no quiere decir que al final de la curva de aprendizaje de los ediles y funcionarios no hayan logrado realizar eventualmente algunas obras importantes para beneficio de la población. En este sentido, debe señalarse con

---

[1]   Ley de planeación del estado de Veracruz de Ignacio de la Llave publicada en la Gaceta Oficial Núm. Ext. 520, Órgano de Gobierno del Estado de Veracruz de Ignacio de la Llave, el día viernes veintiocho de diciembre del año dos mil dieciocho.

claridad que lamentablemente un gran número de funcionarios de las administraciones locales, así como una proporción importante de ediles, carece de una cualificación profesional adecuada en materia de técnicas, estrategias y diseño de políticas públicas orientadas a la atención y solución de los fenómenos que condicionan el desarrollo municipal.

Es precisamente por lo anterior que en el estado de Veracruz no se cuenta con una estrategia efectiva para el desarrollo municipal, en cierta medida debido a que en su mayoría los ediles no poseen una capacitación en la materia y su perspectiva no trasciende su papel de administradores, muy a pesar de que desde el 2009 se reformó el Artículo 115 Constitucional[2], el cual fortalece la autonomía municipal y eleva al Ayuntamiento a nivel de gobierno; situación por la cual entra en contradicción con la falta de preparación a los regidores orientada hacia: a) el análisis municipal con una perspectiva de costo beneficio en inversión pública; b) el diseño de estrategias que faciliten generar crecimiento económico y empleo; y c) una visión integradora municipal que les permita entender que su municipio no se puede sustraer de la realidad de su entorno regional, puesto que en gran medida también condiciona el rumbo y desarrollo de los municipios.

De forma complementaría debe señalarse que una gran proporción de las administraciones municipales dependen de los programas federales de corte asistencial, debido a que carecen de recursos propios al encontrarse regidos principalmente por el Código Financiero Estatal, por no contar con un Código Hacendario Municipal, o por un mal

---

[2]   El artículo 115 constitucional establece que *"Los estados adoptarán, para su régimen interior, la forma de gobierno republicano, representativo, democrático, laico y popular, teniendo como base de su división territorial y de su organización política y administrativa, el municipio libre"* p. 116 (última reforma Diario Oficial de la Federación 10-02-2014), el cual será gobernado por un Ayuntamiento de elección popular directa, integrado por un Presidente Municipal, así como de regidurías y sindicaturas que la ley determina de acuerdo con el principio de paridad. En este sentido, los municipios gozarán de personalidad jurídica y manejarán su propio patrimonio. En ellos recae diversas funciones y el otorgamiento de servicios públicos para beneficio de la población dentro de su demarcación territorial.

funcionamiento del catastro y de la hacienda local. Desde este enfoque es posible apuntar hacia tres determinantes de mayor peso:

a) Una normatividad más puntual que vincule la realidad de las diferentes regiones del estado de Veracruz con el proceso de planeación para el desarrollo y que esté contenida en la *Ley Orgánica del Municipio Libre*[3]. Al respecto, es necesario generar un método sumamente práctico que sirva de apoyo para elaborar los planes municipales en el estado de Veracruz, de tal forma que se aseguren criterios perfectamente definidos, rigurosidad científica, información actualizada y confiable, involucramiento de los tomadores de decisiones en el proceso de diseño y fortalecimiento de la investigación, así como un esquema de evaluación, seguimiento y control en la aplicación del plan.

b) La necesidad de brindar capacitación efectiva a los ediles e integrantes de las administraciones municipales no solo en cuestiones administrativas y contables, como se hace hasta el momento, sino aquellas orientadas al diseño de estrategias para propiciar el crecimiento económico y la generación de empleos; técnicas de participación ciudadana y organización social dirigidas al combate a la pobreza y marginación; capacitación en desarrollo urbano, metropolitano y rural, pero sobre todo sustentable del bienestar humano.

c) La importancia de contar con un cuerpo colegiado al interior del Congreso Local que tenga competencia en materia de investigación académica y asegure la evaluación puntual, objetiva y científica de los contenidos y estructura de los 212 planes municipales de desarrollo que se presentan en cada periodo

---

[3] Ley Orgánica del Municipio Libre publicada en la Gaceta Oficial. Órgano del Gobierno del Estado de Veracruz de Ignacio de la Llave, el 5 de enero de 2001. Ultima reforma el 21 de abril de 2021.

administrativo de gobierno; o, en su defecto, la posibilidad de que el Congreso Local convoque a la integración de un cuerpo colegiado de expertos en diferentes áreas de la ciencias sociales, económicas y ambientales para llevar a buen puerto dicho fin.

d) Evaluar periódicamente la elaboración de dichos planes municipales, pero con la participación e involucramiento directo de quienes gobernarán.

e) Establecer un análisis periódico en términos de objetivos y resultados alcanzados.

Por su parte, en un escenario de dificultad generalizada como la que actualmente enfrenta el estado de Veracruz, se requiere de un mayor involucramiento del gobierno estatal en términos de planear e impulsar de forma efectiva y viable el crecimiento económico desde lo local. Para ello, se demanda el compromiso para promover un sistema de información municipal que funcione de forma permanente y genere información primaria de tipo económico, social, ambiental, físico e institucional (finanzas públicas e información de orden administrativo, dinámica poblacional, comunicaciones, medio ambiente, cambio climático, y otros que permitan realizar trabajos de investigación sobre el ámbito municipal y regional de forma más puntual y oportuna), lo que ayudará a tener un mejor diagnóstico, diseño, aplicación/ejecución y resultados de los programas sociales a escala municipal.

Derivado de lo anterior, la obra que aquí se presenta pretende ser un texto práctico y de fácil lectura que esclarezca y oriente sobre los diversos temas de planeación y administración municipal. Dicho trabajo está dirigido al personal administrativo de los Ayuntamientos, con la finalidad de ayudar hacer más eficiente el desempeño de sus funciones, pero, sobre todo, que coadyuve de manera significativa en la orientación de la acción de gobierno para alcanzar mejores niveles de vida.

APARTADO I
La Planeación

Orígenes de la planeación

Hasta mediados de la Guerra Fría, la planeación era considerada por los países capitalistas como el *lenguaje del diablo*, debido a que las naciones que se fundamentaban en la Doctrina Económica de Marx utilizaban esta herramienta no sólo como base para el desarrollo de sus economías, sino como un instrumento de control y sometimiento político y social de sus ciudadanos.

Ha sido ampliamente documentado que en los países socialistas o de corte prosoviético se hacía una selección de los niños desde muy corta edad a partir de sus habilidades, virtudes y talentos para encauzar su desarrollo profesional, artístico y/o militar; de tal manera que era posible identificar y guiar a aquellos niños que habrían de convertirse en obreros o que engrosarían las filas de la clase dirigente. Este proceder de los gobiernos de corte demócrata era severamente criticado desde occidente, porque violaba los derechos humanos de los individuos y de las familias en pro de un supuesto enriquecimiento de la nación. Es justo en este entorno que la planeación fue considerada como un instrumento no viable de ser utilizado por los países capitalistas, en tanto se asociaba con planteamientos ideológicos, de sometimiento y de control político.

Como es bien sabido, el negocio de una guerra es la reconstrucción, razón por lo cual los países de primer mundo, durante los siglos XIX y XX, llevaron a cabo guerras contra países ricos, pero de menor desarrollo tecnológico. En este sentido, la guerra contra una nación pobre no tendría sentido, pues el propósito de estos enfrentamientos bélicos es apropiarse de la riqueza, sea de origen natural o la que resulta de su actividad económica, industrial y/o comercial. Es precisamente por este aspecto que el negocio de la guerra está sustentado en una derrota rápida del adversario, así como en el sometimiento de su economía ante el contendiente triunfador.

Al respecto, como es por todos conocido, la Segunda Guerra Mundial (SGM) duró de 1934-1945; no se habían cumplido las premisas de una guerra en la era moderna. La erogación durante la SGM fue multimillonaria por parte de los principales países involucrados, lo cual propició una fuerte crisis financiera, tanto de los vencedores como de los vencidos; pero aún más la economía de los países derrotados fue totalmente devastada, quedándose sin recursos para satisfacer sus propias necesidades. Es justamente en este tiempo y espacio cuando surge la relevancia de la planeación en los países de occidente.

Fue frente a esta encrucijada que se advertían como perdedores tanto los países aliados, que habían ganado la guerra, como los del eje, que la habían perdido. En este escenario surge la figura del Secretario de Estado de los Estados Unidos de América (EUA) George Catlett Marshall, quien propone utilizar el instrumento de la planeación para reactivar la economía de una Europa Occidental totalmente en ruinas, propuesta conocida como *European Recovery Program* o *Plan Marshall*[4], y que al final se convirtió en la base de la reconstrucción de la economía europea, la cual se realizó durante un periodo relativamente breve (1948-1952). La situación anterior permitió reactivar toda la planta productiva en esta región. Bajo dicho esquema, las empresas norteamericanas jugaron un papel clave en el proceso de reconstrucción de los países europeos, lo que determinó una nueva etapa en el proceso de acumulación de capital en EUA.

---

[4]   Para la gestión de los fondos se creó la Organización Europea para la Cooperación Económica (OECE) en 1948, y que a partir de 1961 se denominó Organización para la Cooperación y Desarrollo Económicos (OCDE) vigente hasta la fecha.

Sobre la base de esta experiencia, las economías primermundistas advirtieron el potencial que tenía el instrumento de la planeación. Fue a partir de este momento que los países capitalistas hicieron suyo el instrumento de la planeación como un mecanismo que se podría emplear en el desarrollo regional, combate a la pobreza, marginación y desequilibrios sociales en general. Es desde esta experiencia que las Instituciones Financieras Internacionales, como el Fondo Monetario Internacional (FMI)[5] y el Banco Mundial (BM)[6], empezaron a recomendar a los países en vías de desarrollo a utilizar la planeación como un instrumento para poder lograr mejores condiciones de bienestar humano y material.

Planeación o planificación

Hoy en día, planeación o planificación se entienden como un mismo concepto que encuentra matices de expresión por condicionantes culturales, pero se refiere a un solo proceso, es decir, son lo mismo. Al respecto, es importante señalar que en décadas pasadas algunos teóricos habían argumentado que el concepto de planeación se refería al conjunto de tareas dirigidas a la elaboración de un plan, y la planificación se refería a la propia ejecución y control del documento rector (Guillaumin

[5] El FMI se creó en julio de 1944 en una conferencia de las Naciones Unidas celebrada en Bretton Woods, Nuevo Hampshire, EUA, cuando los representantes de 44 países acordaron establecer un marco de cooperación económica internacional destinado a evitar que se repitieran las devaluaciones cambiarias competitivas que contribuyeron a provocar la Gran Depresión de los años treinta. Su objetivo principal es promover la estabilidad financiera y la cooperación monetaria internacional; facilita el comercio internacional, promueve el empleo y un crecimiento económico sostenible y contribuye a reducir la pobreza en el mundo entero. El FMI es administrado actualmente por 190 países miembros a los cuales les rinde cuentas. Fuente: https://www.imf.org/es/Home

[6] Al igual que el FMI, el BM fue creado en 1944 en la cumbre Bretton Woods, Nuevo Hampshire, EUA. Está conformado por 189 países miembros y su objetivo es reducir la pobreza y generar prosperidad compartida en los países en desarrollo a través de préstamos de bajo interés, créditos sin intereses a nivel bancario y apoyos económicos. Fuente: https://www.bancomundial.org/es/home

Tostado, 1985). Sin embargo, tal argumentación fue totalmente superada, principalmente cuando se concibió el cálculo interactivo en la planeación y surgió la planeación situacional, prospectiva y estratégica (Vela-Martínez, 2006), de las cuales se dará cuenta más adelante en este trabajo.

Aun cuando probablemente la planeación haya sido un instrumento muy antiguo para la obtención de objetivos, cualesquiera que hayan sido, se le acredita un origen bélico. Fue hasta el término de la SGM cuando Estados Unidos, dada la necesidad de reconstruir Europa, impulsa una estrategia de planeación para el desarrollo (Matus, 1980). Frente a los logros obtenidos, este instrumento fue utilizado en Norteamérica para potenciar el desarrollo de las regiones más rezagadas del territorio nacional. Semejante práctica se llevó a cabo en países como Italia y Francia, y en países de corte socialista, como Siria y Yugoslavia, entre muchos otros (Morsink, 1981), donde se retomó la planeación como un mecanismo que permitiera hacer más racional la toma de decisiones, dirigiéndola hacia los fines centrales del desarrollo, de acuerdo a su propia concepción.

En torno al vocablo planeación, aun cuando la mayoría apunta en el mismo sentido, no existe una unificación satisfactoria (pues de hecho se habla sobre la toma de decisiones adelantada, en una perspectiva de futuro), ya que la propia palabra ha tenido una evolución, principalmente a la forma en cómo se debe abordar la construcción del futuro, y el abandono del diagnóstico, en su perspectiva tradicional de un recuento del pasado, como única forma de conocer las condicionantes que determinan las tendencias hacia el porvenir.

En lo que sería un encuadre de diversas concepciones de importantes científicos sociales en torno a la planeación para el desarrollo, se puede mencionar al regionalista John Friedman[7], quien ha expresado que

[7]   John N. Friedman es economista especialista en asunto internacionales y políticos. Sus investigaciones incluyen la economía pública y la economía política. En 2013 – 2014 se desempeñó como asistente especial del presidente de los EUA Barak Obama dentro del consejo económico nacional de la Casa Blanca.

ésta consiste en la aplicación del conocimiento científico y técnico a la acción en la esfera de los asuntos públicos. Por su parte, Dror Yehezkel[8] señala que la planificación es el proceso de preparación de un conjunto de decisiones respecto a la actividad en el futuro, basándose en investigación, reflexión y pensamientos sistemáticos. De igual forma, Francisco Sagasti[9] considera que la planificación es un proceso dirigido a orientar el cambio social y a generar una secuencia de eventos futuros, socialmente deseables al tomar acciones en el presente. En este sentido, Matus (1987 p.161) señala que:

> *La planificación general de la acción de un gobierno es útil solo en la medida que se transforma en un cálculo que precede y preside la acción del mismo, de tal modo que en la labor cotidiana llega a ser un proceso práctico.*

Por su parte, debe advertirse que el concepto de planeación ha evolucionado: de ser un instrumento de racionalidad para efectuar una mejor toma de decisiones, se ha convertido en una perspectiva de cambio social, que incluso llega al entendimiento de planeación con cálculo interactivo del planificador. Respecto a la planeación con perspectiva de cambio social, ésta considera que se trata de un proceso formal de toma de decisiones donde se articulan metas, estados sociales factibles y adopción de políticas para la realización

---

[8] Dror Yehezke uno de los líderes especialistas de Israel en el constitucionalismo, es un politólogo, científico de la Universidad Hebrea, que ha aconsejado a varios países reveladores en el diseño de sus constituciones. En 1970 escribió un libro denominado "Crazy States: A Counter Conventional Strategic Problem" (Los estados locos, problemas estratégicos opuestos a los convencionalismos), y "Las Estrategias Grandes para Israel" (en hebreo), en donde pide que cada estado debe tener su propia autonomía.

[9] Francisco Rafael Sagasti Hochhausler es un analista político peruano, trabaja para la ONU y ha sido consejero Mayor para el Programa en materia de Desarrollo, Paz y Seguridad.

de metas sociales y desde donde se distinguen tres tipos (Papandreou Andreas, 1981):

a) **Administración social:** donde la estructura socioeconómica básica se toma como dada sin que exista algún cuestionamiento sobre la estructura del organismo sobre el que se planea. Esto no está en discusión.

b) **Planeación del desarrollo:** donde la inclusión de instrumentos en el modelo de planeación tiende a modificar la estructura social, situación que abre nuevas perspectivas de desarrollo para la sociedad sobre la que se planea.

c) **Diseño de organización:** donde la incorporación de instrumentos estructurales, para abarcar la sociedad en su conjunto, permite incidir en el tejido de la organización social. En este punto, [...] el diseño de organización constituye una forma particular de toma de decisiones basada en una información limitada. La acción y el conocimiento están íntimamente relacionados. En consecuencia, el proceso debe considerarse como un caso especial de aprendizaje a escala social..." (Papandreou Andreas, 1981. p. 24)

Entre las concepciones más recientes asociadas a una visión prospectiva de la planeación, Charles Hummel[10] señala que planear significa elegir, definir opciones frente al futuro, pero también significa proveer los medios necesarios para alcanzarlo. Por su parte, Miklos y Tello (2007) sostienen que la planeación se orienta a obtener o impedir

---

[10]   Charles Hummel, de nacionalidad suiza, escribió en 1997 un estudio financiado por la UNESCO relacionado a la Educación a Distancia: "La educación hoy frente al mundo del mañana", donde detalla que es necesario precisar la búsqueda de formas eficaces para promover el acceso a la educación superior, con atención a la innovación tecnológica y al peso que adquiriría una inminente estrategia de educación permanente. En este sentido, los conceptos de educación permanente, educación de adultos y educación continua son diferenciados claramente por el autor.

un determinado estado futuro de las cosas: se dirige al futuro aportando decisiones presentes. En este último caso, se acuña una variante de la planeación que tiene que ver con la construcción del futuro, viniendo desde el futuro, y no como tradicionalmente se hacía: construir el futuro partiendo desde el pasado (Figura 1).

Figura 1.- Diferenciación entre planeación tradicional y prospectiva

Etapa 1   Etapa 2

Planeación tradicional
• Presente y pasado
• Proyección de futuros posibles

Selección y diseño del futuro deseado

Planeación prospectiva
• Presente y futuro
• Diseño del futuro deseado - Estrategias

Exploración, selección y diseño de futuros factibles

Fuente: adaptado de Miklos y Tello (2007)

Planeación situacional

Hacia finales de la primera mitad del siglo XX todavía se consideraba que la planeación representaba un atentado contra las libres fuerzas del mercado. Al finalizar la SGM, sin embargo, la planificación empieza a ser considerada por los países capitalistas como una alternativa para superar sus contradicciones constitutivas. Es precisamente la necesidad de reconstruir a Europa lo que llevó a los Estados Unidos a diseñar el Plan Marshall, y a los gobiernos europeos a adoptar sistemas de planificación (Matus, 1980).

La planificación, a partir de ese momento, se convirtió en un eficiente instrumento de estabilización de las contradicciones del capitalismo.

Tomó diversas vertientes de desarrollo, donde no solo fue utilizada a nivel macro, sino que también sirvió para impulsar estrategias de mejoramiento en el ámbito regional. Para el caso de América Latina (AL), la Comisión Económica para América Latina (CEPAL), por medio del Instituto Latinoamericano de Planificación "Económica y Social (ILPES), retomó rápidamente estos preceptos e impulsó estrategias de fortalecimiento para los países de AL, siendo la base sobre la que se forjó el Modelo de Sustitución de Importaciones (MSI).

Durante el posicionamiento de la planeación como un instrumento a través del cual se puede impulsar el desarrollo se han suscitado graves cuestionamientos, principalmente porque en un principio la teoría estuvo muy alejada de la práctica y dejaba de lado aspectos fundamentales que las nuevas concepciones del desarrollo habían incorporado. Es decir, en los últimos cincuenta años la planeación ha dejado de ser únicamente un instrumento de regulación de los factores económicos, para convertirse en un procedimiento a través del cual se orientan las políticas de gobierno, principalmente para garantizar situaciones de desarrollo, donde el elemento central no es el mercado, sino el individuo y la sociedad con el entorno.

No obstante, los esquemas de planeación desde el gobierno han sido aún muy rígidos tanto en su diseño, como en su aplicación y seguimiento; de tal forma que los gobernantes en sus tres niveles de gobierno, ausentes de una cultura de la planeación, realizan la toma de decisiones de manera reactiva, en la cotidianidad, y sin un control y clara orientación y evaluación del efecto que tomaran sus acciones de gobierno. Es precisamente en este contexto que surge la planeación situacional, como una alternativa de la planeación para el desarrollo. En este punto, la planificación de situaciones se centra en la conciliación de la planificación económica con la planificación política:

Cuando un economista empieza a desmenuzar y a disectar
la teoría de la planificación económica, termina en la ciencia

política. Esto es casi inevitable, salvo para aquellos que se equilibran en la superficie de las cosas. (Matus, 1980 p.15)

De hecho, es un conjunto de interrogantes la base sobre la que surge este nuevo planteamiento: ¿cómo puede vincularse el plan económico con el plan político? ¿Existen criterios políticos para evaluar un proyecto? ¿Existe un método para planificar la acción política? ¿Puede concebirse un método de planificación que comprenda lo político y lo económico?

Una inquietud que está presente en estos planteamientos es que frente al vasto desarrollo científico, la teoría de la planificación económica no se ha beneficiado en forma apreciable, precisamente frente a las crisis económicas que se observan en algunos países en desarrollo, sobre todo de AL, donde el pensamiento económico neoclásico toma mayor fuerza, sin contrapeso real, al tiempo que niega la necesidad de la planificación y declara inexistente la posibilidad de que el hombre, mediante la planificación, decida sobre su presente y su futuro. En este sentido, Matus (1980 p.17) plantea:

Antes, el hombre de las cavernas dependía del clima, el fuego y la caza, porque su vida y su futuro eran un azar de la naturaleza. Hoy, el hombre común tampoco es dueño de su futuro, sino azar del mercado.

En este punto, y de acuerdo con el mismo autor, la planificación de situaciones es una teoría en construcción, donde sus ejes puntuales de discusión se centran en:

a) La posibilidad de construir el edificio de una teoría general de la acción política de clases, donde la planificación y el plan políticos constituyen un ejemplo de la más general de las teorías sobre decisiones sociales.

b) La propuesta de que la planificación económica abandone su esquema normativo para ubicarse en el contexto de las corrientes del pensamiento cibernético y de la teoría general de los sistemas. En tanto, los sistemas sociales no pueden ser planificados con el procedimiento normativo, porque lo normativo supone un control exterior y total del sistema.

c) La consideración de que las técnicas de planificación económica no pueden concebirse en forma aislada de las técnicas de la planificación política.

Es, entonces, desde la perspectiva del diagnóstico la forma como los gobiernos deben llevar a cabo la planificación para el desarrollo, y que de acuerdo con Carlos Matus (1987) es necesario que la planeación de los gobiernos sea realizada a través del cálculo interactivo y una evaluación permanente de la realidad, un método para preceder y presidir la acción de éste, de tal modo que en la labor cotidiana llegue a ser un proceso práctico.

En este mismo análisis, el autor señala diez tesis a través de las cuales pretende explicar la ineficacia general de los gobiernos en el mundo latinoamericano. Sostiene que los procesos de gobierno en estos países muestran, en la mayoría de los casos, una amplia distancia entre los planes y las acciones de gobierno. Desde su perspectiva, esta ineficacia de la planeación condiciona a tener un gobierno imprevisor que suele reaccionar de manera tardía y espasmódica ante los problemas reales. Este cálculo improvisado en la coyuntura se convierte en una alternativa superficial a la planificación y crea una serie de limitaciones sobre la orientación del plan y control del ambiente, que, por su naturaleza, debería actuar con amplio sentido preventivo, más que con una actitud de reparar daños por la falta de control del sistema.

En este sentido, se parte de la idea de que toda práctica de la planificación tiene como principio básico el cálculo previsor que se prealimenta de una simulación constante del futuro, así como del cálculo reactivo que a su vez se retroalimenta de la comprobación de los problemas agravados o atenuados. Sin embargo, precisa Matus (1987 p.161) que:

> *[...] el estilo de gobierno dominante en nuestros países casi no deja espacio a la previsión, y agota todas sus energías gestando respuestas urgentes a los problemas ya acumulados que muestran señales de trasponer los límites que marcan el deterioro de la adhesión popular.*

En este punto, la capacidad del gobernante se pone de manifiesto por los resultados de su gestión con relación a la dificultad del proyecto que acomete, y al grado de gobernabilidad del sistema en que actúa. En este sentido, resalta como un aspecto fundamental que el gobernante aumente su capacidad de administrar mediante la formación adecuada de sus funcionarios[11], así como a través de la adopción de técnicas de planificación y gobierno, coherentes con la complejidad de los actuales sistemas sociales, donde el cálculo interactivo, en la coyuntura, juega un papel determinante.

> *Los líderes políticos se hacen en la práctica según las exigencias de la lucha política. Pero el estrato político técnico de una sociedad se forma en escuelas y, a la larga, eleva las exigencias de calidad de la lucha política, con el consiguiente efecto sobre la misma formación de los líderes en la práctica cotidiana. Por esta razón, podemos afirmar que la creación de equipos político-técnicos de alto nivel teórico y buena experiencia práctica, estimula el ascenso del nivel y calidad de los dirigentes políticos y de la acción política práctica.* (Matus, 1987 p.163-164).

---

[11] La idea es incrementar la capacidad de gobierno mediante la formación adecuada de líderes, sobre todo del estrato político-técnico de la sociedad, donde se postula la formación de estos líderes, en una práctica cotidiana, según las exigencias de la lucha política.

Un aspecto que debe destacarse de manera especial es el hecho de que la planificación de situaciones tiene como base de su ejercicio la consideración de que el agente que planea lo realiza en un espacio conflictivo, donde coexisten actores políticos que también planean, en tanto tienen y defienden sus intereses que, por lo regular, se anteponen a los del agente que trata de imponer un plan o proyecto.

De esta forma, la planificación de situaciones concibe a la planificación unilateral, sea desde el gobierno o desde alguna otra instancia, como una ilusión, pues finalmente el éxito de un plan implica necesariamente la derrota de otro u otros. Dicho de otro modo, el espacio donde se planea o para el cual se planea no presenta un horizonte de bondades y de condicionantes adecuadas exclusivamente para la implantación de este proyecto; por el contrario, es un espacio donde la característica dominante es la presencia de dificultades para la integración no solo de ese plan, sino de cualquiera que se trate. De ahí la importancia de considerar la existencia de diversos actores políticos y lo relevante del cálculo interactivo, el cual permite reorientar estrategias en función de los cambios de escenarios en la coyuntura.

Al respecto, Matus (1987) señala la necesidad de reformar nuestros sistemas de planificación, modernizar las técnicas de gobierno y transformar la cultura política para asegurar que los programas electorales serios se conviertan en planes de gobierno; para que los planes de gobierno se conviertan en acciones de gobierno; y para que estas acciones de gobierno incidan en la solución de los problemas nacionales y locales de tipo estructural, y no acaso los de la superficialidad, que no generan cambios en las condiciones de desarrollo.

> Junto con los programas de gobierno, que son diferenciadores en lo estratégico, debemos desarrollar la capacidad de elevarnos por encima de las diferencias meramente tácticas para encontrar un espacio de consenso sobre proyectos nacionales que den continuidad al progreso de nuestros países

a largo plazo. Ello es técnica y políticamente posible, porque la experiencia nos señala que existen problemas comunes que reclaman soluciones comunes, independientemente de las utopías políticas diferenciadoras a las cuales nos adherimos. (Matus, 1987 p.168).

Planeación prospectiva

La planeación prospectiva tiene que ver con la planeación a futuro, viniendo desde el futuro (Miklos y Tello, 2007). No es la planeación que parte del pasado o del presente para definir una imagen objetivo en el futuro, no. Es una imagen del futuro que se construye desde el futuro y que con base en la consideración de aspectos del presente y del pasado se define su viabilidad, entiéndase en este caso el paso de una imagen del futuro deseable, a una imagen del futuro posible de alcanzar. En el ámbito de la planeación, es común que se confunda la proyectiva, las predicciones, la previsión o los pronósticos, con la prospectiva. La diferencia fundamental estriba en que todos estos conceptos parten del pasado y se traspolan hacia el futuro (Miklos y Tello, 2007).

En el caso de la prospectiva, parte del futuro y viaja hacia el presente. La prospectiva se preocupa más por brindar alternativas futuras que tratar de explicar lo que es probable que suceda a partir de las tendencias que provienen del pasado. La planeación prospectiva está centrada en imaginarse el futuro, un futuro deseable pero posible, más que en señalar lo que es más probable que suceda.

> *[...] la trayectoria de la prospectiva viene del porvenir hacia el presente, rebasando la proyección exclusiva de tendencias, para diseñar y construir alternativas que permitan un acercamiento progresivo al futuro desead.* (Miklos y Tello, 2007 p.56)

Un aspecto que habría que destacar de la planeación prospectiva es su carácter creativo. El elemento de cambio y transformación que encierra contempla el diseño del futuro y el talante activo del individuo y de la sociedad, como elemento fundamental del cambio, de un cambio hacia el futuro deseado (futurable) y posible (futurible) (Miklos y Tello, 2007). No se habla del futuro tendencial que viene del pasado y condiciona de forma probabilista el futuro por el peso y la fuerza con la que se expresan en el tiempo las principales condicionantes, sino, por el contrario, un ir hacia el futuro con base en una idea, una imagen, un escenario prefigurado fundamentado en expectativas deseables de alcanzar y posibles de lograr, a partir de esa actitud creativa del individuo y de la sociedad.

Se trata, en todo caso, de construir imágenes en el futuro, diseñar el futuro, con una valoración del presente, que le confiere viabilidad, pero que rompe con las inercias del pasado, con base en una actitud creativa y activa del individuo y de la sociedad. En este punto, el pasado y el presente juegan un papel relevante en la prospectiva. Asimismo, a través de una investigación guiada desde el futuro, permiten identificar elementos que condicionan o pueden potenciar el proceso de construcción del futuro prospectado.

En este diseño del futuro, como en su construcción, un aspecto fundamental es la visión holística, que otorgue la posibilidad de identificar las principales variables que, en cada momento del proceso, condicionan en mayor medida el comportamiento de la realidad en su conjunto. Todo ello, con la intención de incidir directamente en dichas variables para no perder el control de la orientación del desarrollo. Éstas, que son independientes, pueden modificar con el tiempo su grado de explicación o de incidencia en el conjunto; algunas más, de menor fuerza, pueden surgir en la coyuntura con un peso o un grado de explicación mayor; de ahí la necesidad de realizar de manera permanente una valoración sobre el alcance de las diversas variables.

Se trata de advertir la forma y grado de intensidad en que estas variables interactúan para construir nuevas inercias sobre las cuales será preciso proceder según la coyuntura lo exija. Es posible que una variable por sí misma pueda no tener alto grado de explicación; sin embargo, puede incrementar sustancialmente su grado de incidencia en la realidad que se trata de guiar si se le combina con otras. En términos del diseño del futuro, en el contexto del proceso de la planeación, las alternativas que se construyen pueden ser varias, de tal forma que los tomadores de decisiones tengan la capacidad de elección considerando los siguientes aspectos descritos por (Miklos y Tello, 2007 p.57):

a) Generar visiones alternativas de futuros deseados.

b) Proporcionar impulsos para la acción.

c) Promover información relevante bajo un enfoque de largo alcance.

d) Hacer explícitos escenarios alternativos de futuros posibles.

e) Establecer valores y reglas de decisión para alcanzar el mejor futuro posible.

Si hubiera que argumentar la pertinencia de la planeación prospectiva dentro del concepto de planeación para el desarrollo, habría que precisar que si por planeación se entiende el conjunto de acciones ordenadas y direccionadas hacia la cristalización de objetivos prefigurados en un futuro deseable y posible de alcanzar, con sustento en el aprovisionamiento de medios necesarios, su óptima utilización y el eficiente aprovechamiento de situaciones coyunturales, entonces resulta factible afirmar que la planeación prospectiva es, hoy en día, un mecanismo adecuado que puede guiar la búsqueda de mejores escenarios para la maximización de oportunidades.

La planeación representa búsqueda creativa, organizada, sistemática, sistémica y comprometida de incidir sobre el

futuro. Planear implica formular escenarios y determinar
objetivos y metas, estrategias y prioridades, asignar recursos,
responsabilidades y tiempos de ejecución, coordinar esfuerzos,
evaluar etapas, resultados, y asegurar el control de los procesos.
(Miklos, 2000).

De esta forma, se puede considerar que la planeación prospectiva
es también un instrumento que permite ir hacia el futuro; y que como
instrumento que es, facilita su utilización para orientar el desarrollo de
la sociedad. Quizás el aspecto relevante de la planeación prospectiva
consiste en que incorpora al individuo y a la sociedad con una actitud
activa y no pasiva, como lo hacen otros instrumentos de planeación.

Lo que hace de la planeación prospectiva una alternativa a la
planeación tradicional es que plantea la formulación de los
objetivos y la búsqueda activa de medios para su obtención.
(Sachs, 1980, en Miklos y Tello, 2007 p.61).

Aun cuando es necesario precisar que no existe un modelo de
escenarios, la planeación prospectiva se convierte en un insumo esencial
de la planeación, en tanto que permite estructurar escenarios futuros
elegibles por el tomador de decisiones, los cuales están en función de la
realidad cuyo desarrollo se trata de guiar. Al respecto, los teóricos más
avanzados de la planeación prospectiva plantean diez recomendaciones
básicas a seguir para asegurar la implantación efectiva de estudios
prospectivos (Miklos y Tello, 2007 p.136-141):

1. Iluminar la acción presente a la luz del futuro posible, múltiple
    e incierto.
2. Adoptar una visión global y sistémica.
3. Consideración de elementos cualitativos y las estrategias de los
    actores.

4. Hacer uso de las lecciones del pasado y no subestimar los factores inerciales.
5. Interpretar la información a la luz de los juegos de poder.
6. Desconfiar de la "sabiduría" recibida.
7. Contar con el cambio social para permitir el cambio tecnológico.
8. Transformar estructuras y comportamientos.
9. Movilizar la inteligencia de la organización.
10. Considerar los métodos como herramientas para la reflexión y comunicación.

Finalmente, un aspecto que se debe resaltar de la planeación prospectiva es que tiene en el centro de sus debates el anhelo de convertirse en una disciplina que guíe los estudios del futuro, en tanto contempla entre sus fines la capacidad para inventar y construir un nuevo sistema social que permita fomentar la expansión de las potencialidades humanas, tanto a nivel individual como social. La pregunta es: ¿hacia dónde? Hacia donde sea preciso; hacia donde lo determine un pensamiento desde el futuro, posible y deseable de alcanzar.

APARTADO II

Herramientas de planeación estratégica

Planeación estratégica[12]

El concepto de planeación estratégica es uno de los conceptos que se han desarrollado fundamentalmente en el ámbito empresarial. Desde los años sesenta, diversos estudiosos de la administración en grandes corporaciones privadas sugirieron la incorporación de la idea de la planeación estratégica en el escenario de decisiones, donde:

a) Incorporaban un medio ambiente cambiante e incierto además de información imperfecta sobre una gran diversidad de variables.

b) Incorporaban la necesidad de revisar continuamente no sólo el desempeño de los sistemas de gestión, sino incluso los objetivos finales de la organización.

c) Requerían flexibilidad para realizar los ajustes y cambios oportunos ante nuevos escenarios.

Por las mismas razones que la planeación estratégica surgió como una herramienta pertinente para las grandes corporaciones privadas en los años sesenta y setenta, a partir del decenio siguiente se convirtió en una estrategia indispensable en la gestión de organizaciones públicas. Lo anterior debido a que este tipo de organizaciones se han introducido a un escenario cambiante en el que la misma sobrevivencia no está

---

[12]   Tomado de Cabrero Mendoza y Nava Campos (2000)

garantizada, donde los participantes en su radio de acción o sector de actividad cada día son más, más diversos y más dinámicos en sus intervenciones.

Por otra parte, el número de variables que interviene en la atención de cualquier programa gubernamental también se ha incrementado (variables técnicas, económico-financieras, políticas, culturales, etcétera), y la necesidad de reflexionar continuamente sobre la razón misma de la existencia de cada organización gubernamental se debe realizar ante los procesos de reforma estatal y de gobierno que la mayor parte de los países ha emprendido desde hace casi dos décadas.

De igual modo, el repertorio de soluciones tradicionales en las agendas de gobierno, así como en las corporaciones privadas, está agotado: la capacidad de innovación, adaptación y rediseño oportuno son, en ambos sectores, los factores clave de la permanencia. Los niveles de competencia mercantil, política, regional, interinstitucional, igualmente tienen un impacto medular en un sector y otro.

La planeación estratégica, por tanto, se aleja de la idea de la planeación tradicional, en la que se suponía que los objetivos finales eran rígidos; que el contexto y sus variables permanecían estables; que la evaluación del plan se hacía en periodos largos; y que el producto más importante de la planeación era el documento llamado *plan*. En la planeación estratégica se precisa que los objetivos finales no sean rígidos, para que puedan evolucionar. En consecuencia, el documento llamado *plan* no es lo trascendente, sino el sistema de planeación que se construye alrededor del mismo.

La idea de planeación estratégica es de gran utilidad en el manejo de un gobierno municipal, que si bien define objetivos iniciales de gobierno -debido a restricciones como son aquellas vinculadas al presupuesto; crisis no previstas referentes a los servicios públicos; cambios tecnológicos importantes en los procesos de transporte; urgencias en el tratamiento de desechos; purificación del agua; o en lo referente a cambios de preferencias en la ciudadanía- debe modificar los supuestos iniciales del plan para adaptarse a nuevas situaciones. Igualmente, en la planeación está la lógica que permitirá a un gobierno municipal detectar oportunidades no previstas desde el principio, por ejemplo, sobre recursos presupuestales disponibles de otros niveles de gobierno; sobre sistemas de servicio urbano de menor costo; sobre opciones para la expansión del equipamiento de la ciudad; sobre el cambio de opinión de la ciudadanía en relación con el alza de precios y tarifas de los servicios, entre muchos otros aspectos.

La planeación estratégica es una herramienta que puede proporcionar a los gobiernos municipales la flexibilidad necesaria para adaptarse a situaciones diferentes, sin perder los puntos esenciales de referencia sobre los grandes fines que se planearon en el compromiso adquirido con el apoyo electoral. Si hay un nivel de gobierno en el que la incertidumbre está presente, y en el que los cambios de preferencia de los ciudadanos afectan, es en el nivel municipal. En virtud de lo anterior, la flexibilidad y capacidad de reacción y ajuste oportuno es vital para el gobierno municipal urbano en el contexto contemporáneo.

El reto de toda planeación estratégica consiste en ser capaz de traducir los grandes retos que enfrenta la organización, pues es la razón de existir de la misma. Dicho de otro modo, su misión (en el caso municipal, el proyecto de gobierno) consiste no sólo en efectuar programas específicos, sino en realizar acciones concretas que cotidianamente puedan ir construyendo de forma progresiva los avances en el sentido correcto. Para ello, la encomienda (proyecto de gobierno) debe traducirse en un paquete de objetivos generales adecuados (líneas de acción municipal), los cuales deben transmutarse en programas concretos (programas del gobierno municipal) y verse reflejados en la distribución y asignación de recursos (presupuesto) de acuerdo con las prioridades y tiempos previstos en los programas.

Una de las diferencias principales entre el modelo tradicional de planeación y el de planeación estratégica es que el primero supone que, una vez realizado el plan, cualquier error se dará en la fase de implementación: se supone un proceso por fases secuenciadas y rígidas; pero la planeación estratégica también incluye la posibilidad de errores en la planeación, de supuestos erróneos, o que aun cuando fuesen adecuados inicialmente, la situación actual no permite ya aceptarlos. Es por ello que las fases de planeación son mucho menos claras y de ninguna manera rígidas; se trata de un sistema en funcionamiento, flujos de información y acciones permanentes (Figura 2).

Figura 2.- Diferenciación entre planeación tradicional y planeación estratégica

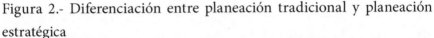
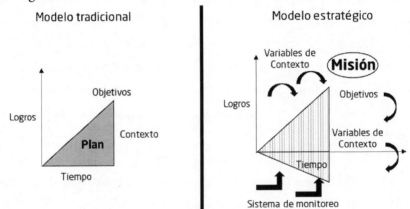

Fuente: adaptado de Cabrero Mendoza y Nava Campos (2000).

Como se ha comentado, históricamente el Estado -representado en sus tres órdenes de gobierno, y de manera particular a nivel de municipio- cumple un papel fundamental para conseguir el desarrollo económico y social a través de la aplicación correcta de políticas públicas de diversa índole. En este contexto, una intervención pública exitosa que recae en el beneficio del individuo y de la sociedad, de la mano con la participación de los distintos actores sociales, está condicionada a la planeación estratégica de sus acciones mediante los distintos programas presupuestarios. Lograrlo, implica y conlleva que los recursos humanos y financieros ejecutores de estas acciones se utilicen de manera eficaz y eficiente.

Para lograr lo anterior es necesario echar mano de algunas herramientas de planeación estratégica que permitan el diseño, seguimiento y evaluación de las distintas políticas públicas, mismas que pueda desarrollar la autoridad municipal: tal es el caso de la Metodología de Marco Lógico (MML). Esta metodología lo que busca es establecer la congruencia y suficiencia de las acciones de gobierno, previamente definidas dentro del marco de una planeación prospectiva, las cuales deben ser conducentes a la atención y resolución de problemas o conflictos dentro del ámbito municipal o territorial, teniendo resultados e impactos concretos gracias a la conformación de una Matriz de Indicadores de Resultados (MIR).

El Método del Marco Lógico[13]

Dada la complejidad de las estructuras y los nuevos requerimientos internacionales –derivado del surgimiento de organismos como el Banco Interamericano de Desarrollo (BID), en 1959, y la Comisión Económica para América Latina y el Caribe (CEPAL), en 1948, por mencionar algunos– el financiamiento para el desarrollo económico, social, ambiental e institucional se encontró en la práctica con varios problemas de corte técnico-operativo que limitaron el diseño, ejecución, seguimiento y evaluación de proyectos y acciones tanto de los gobiernos internacionales, nacionales o locales como también de la iniciativa privada. Algunos de estos problemas se centraban, por ejemplo, en la inexistencia de un método estandarizado que permitiera evaluar las

---

[13] Tomado y adaptado de UNAM y SHCP (2017) e Silva Lara (2003)

acciones, y en otros casos existían proyectos o programas prometedores, pero que su implementación no era posible debido a distintas causas:

a) Se planteaban múltiples objetivos en un solo programa o proyecto.

b) Las actividades que se incluían no eran congruentes con las metas planteadas.

c) En la ejecución no se establecían claramente las responsabilidades de los involucrados para el desarrollo del proyecto.

d) No existían parámetros para sustentar un adecuado seguimiento y control.

e) Se carecía de una base objetiva y consensuada para comparar lo planificado con los resultados alcanzados.

A partir de ello, en la década de los años sesenta las agencias de financiamiento para el desarrollo impulsaron la creación de nuevas tecnologías y el fomento de técnicas de administración por objetivos, entre las que destacó la MML, la cual demostró mayor practicidad y cobertura en la instrumentación, ya que abarca desde la conceptualización y diseño de un programa o proyecto[14], hasta el establecimiento de parámetros claros para llevar a cabo el seguimiento y la evaluación. Fue tal su practicidad, que actualmente es utilizada para la planeación estratégica y gestión de proyectos de los organismos internacionales, pero sobre todo adoptada por los sectores públicos de AL y de México tanto en el orden Federal, Estatal y ahora Municipal, lo que ha coadyuvado al cumplimiento de las demandas de la sociedad en su conjunto.

En este punto, la MML se considera una herramienta de planeación basada en la estructuración y solución de problemas, así como de la evaluación de resultados e impactos; permite presentar de forma sistemática y lógica los objetivos de un programa y sus relaciones de causalidad, alineándolos a objetivos de mayor nivel. Una de las bondades

---

[14] Programa y proyecto se utilizan de forma indistinta sobre un mismo sentido en este trabajo.

de alinear la planeación estratégica y estructurar los programas basados en este modelo estratégico radica en que:

a) Otorga la facultad de planear, organizar y presentar de forma sistematizada la información del diseño de un programa.

b) Comunica, con un lenguaje común entre los distintos actores, cuáles resultados son los que se quieren lograr y cómo se pretenden alcanzar, quiénes son los responsables de obtener los resultados del programa y en cuánto tiempo. De ahí que la MML constituya una base para la gestión de la operación de distintos programas.

c) Apoya al seguimiento y control de la ejecución de los programas desde la definición de los objetivos y sus metas de realización, hasta las decisiones de asignación y reasignación del presupuesto. Lo anterior, a través de la MIR, donde se contemplan indicadores claros para el monitoreo y evaluación de los resultados de cada programa.

d) Involucra a los afectados, pues su eficacia depende, en gran medida, del grado en que se incorporen los puntos de vista de los diversos actores y de otras personas con un interés legítimo en el desarrollo del programa.

Sin embargo, cabe precisar que la MML no es una metodología que permita evaluar *ex ante*[15] los efectos de un programa, pero sí ofrece parámetros para hacer una medición *ex post*[16] de los resultados obtenidos. De hecho, existen metodologías exhaustivas de evaluación que deben complementar la planeación que se realiza con base en la MML como son la evaluación externa y socioeconómica de proyectos. En este punto, la eficacia y eficiencia en el uso y asignación de recursos públicos no se pueden obtener si no es con una combinación de estos análisis. Empero,

---

[15] Palabra neolatina que significa antes del suceso.

[16] Locución latina que significa después del hecho.

la aplicación de la MML ofrece la oportunidad de evaluar la consistencia interna del diseño de los programas, de forma que, en principio, se pueden esperar resultados derivados de una buena planeación (Figura 3).

Figura 3.- Alcances del Método y el Marco Lógico

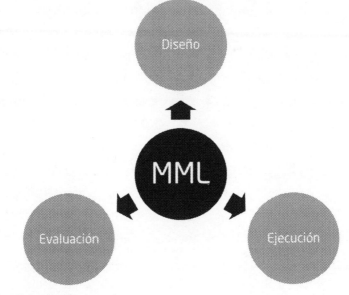

Fuente: Elaboración propia.

La definición del problema

Considerando que cada territorio y región guardan ciertas particularidades desde el punto de vista social, económico, ambiental, físico e institucional, y debido a la trascendencia que ha tenido la MML en su implementación, esta metodología ha sido adecuada a los diversos contextos e intereses, lo que la ha llevado a la instrumentación de un número distinto de fases y criterios para su implementación. En este sentido, en México se dispuso de una Guía[17] la cual considera seis fases

---

[17]   Para mayor detalle puede consultar y descargar la Guía para la construcción de la Matriz de Indicadores para Resultados (SHCP, 2011). Disponible en: https://www.transparenciapresupuestaria.gob.mx/work/models/PTP/Capacitacion/GuiaMIR.pdf

principales de la MML[18] dentro de las cuales se contemplan y abordan diferentes factores que permiten estructurar de manera concreta la MIR. En este aspecto, la MML tiene una secuencia analítica (Figura 4 y Tabla 1).

Figura 4.- Fases de la MML

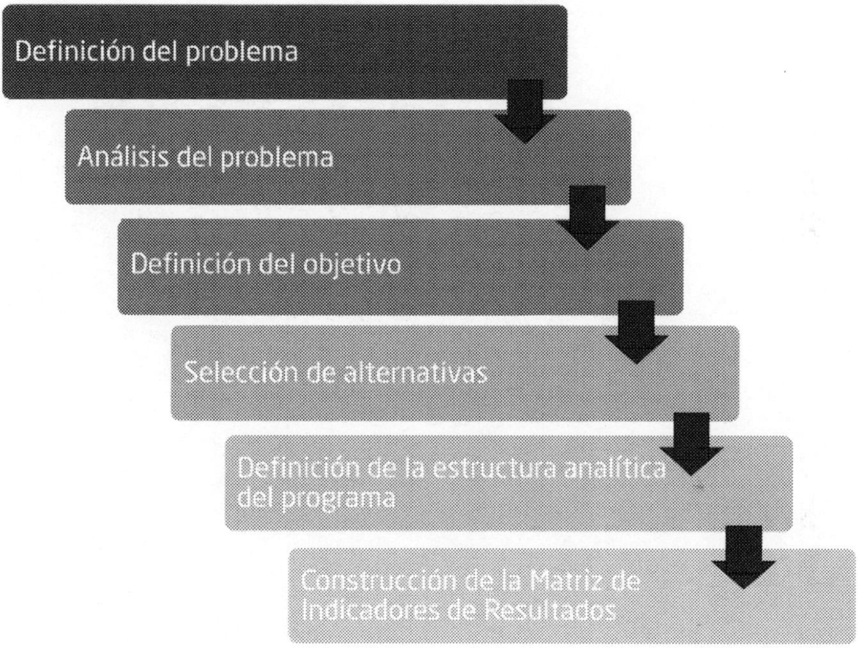

Definición del problema

Análisis del problema

Definición del objetivo

Selección de alternativas

Definición de la estructura analítica del programa

Construcción de la Matriz de Indicadores de Resultados

Fuente: adaptado de UNAM y SHCP (2017).

---

[18]   En la práctica, el número de las fases podría variar dependiendo del manejo de la metodología por parte del equipo de diseño. Por ejemplo, la definición del problema se podría subdividir en: determinación del problema, establecimiento de la población objetivo o área de enfoque y el análisis de involucrados.

Tabla 1.- Descripción general de las fases de la MML

Fase	Preguntas			
	¿Cuál es su objetivo	¿En qué consiste?	¿Para qué se utiliza?	Preguntas clave
1.- Definición del problema	Establecer de manera clara, objetiva y concreta cuál es el problema que origina o motiva la necesidad de la intervención gubernamental.	Identificar, entre las demandas sociales u oportunidades de desarrollo, la problemática prioritaria con posibilidades de ser resuelta, a través de la acción gubernamental, y que está alineada con las metas del Plan Nacional de Desarrollo y Plan Estatal vigente y sus programas derivados, o de la planeación municipal para el caso local.	Para orientar la acción gubernamental a resultados específicos y concretos que entreguen más y mejores bienes y servicios a la población objetivo o área de enfoque, o bien que representan oportunidades de bienestar y progreso.	¿Cuál problema fue el que originó el programa que se está desarrollando?
	Establecer la necesidad a satisfacer, el problema principal a solventar, el problema potencial, la oportunidad por aprovechar y/o la amenaza a superar.			¿Qué demanda social u oportunidad de desarrollo tiene mayor prioridad de atención?
				¿Cuál es la población objetivo o área de enfoque que lo enfrenta (sujeto afectado)?
	Establecer la población objetivo o área de enfoque que enfrenta el problema o necesidad y en qué magnitud lo hace.	Este estudio debe incluir el análisis de los involucrados en el problema.		¿Cuál es la situación que da origen a las demandas u oportunidades?
		Este análisis y definición deben partir de un diagnóstico de la problemática identificada.		¿Cómo se puede beneficiar a una mayor cantidad de personas o a un área de enfoque prioritaria?

| 2.- Análisis del problema | Analizar el origen, comportamiento y consecuencias del problema definido, a fin de establecer las diversas causas y su dinámica, así como sus efectos, y tendencias de cambio. | Una de las alternativas para el análisis del problema consiste en el ordenamiento de las causas y los efectos a través del Árbol de problemas, donde el problema definido es el punto de partida: el tronco; las causas son las raíces y los efectos, la copa del árbol. Deben relacionarse entre sí estableciendo causas directas e indirectas. Se expresan en sentido negativo. | Para conocer la naturaleza y el entorno del problema, lo que permitirá identificar los aspectos necesarios para resolverlo (establecer las acciones para solventar cada una de las causas que lo originan). | ¿Qué causa el problema?

¿Cuál es la naturaleza de las causas? |
| | | El análisis del problema se realiza con base en los hallazgos de un diagnóstico, que contenga evidencia cuantitativa y cualitativa sobre el problema y sus orígenes y consecuencias (causas que justifiquen un programa o proyecto). | | ¿Cuál es la relación entre las diversas causas?

¿Qué efectos tiene el problema? |

3.- Definición del objetivo	Definir la situación futura a lograr que solventará las necesidades o problemas identificados en el análisis del problema.	En la traducción de causas-efectos en medios-fines.	Para identificar medios de solución a la problemática detectada.	¿Los escenarios positivos de futuro o estados alcanzados solventan completamente la situación que se pretende transformar?
		El análisis de problemas se convierte en la definición de objetivos.	Para identificar los impactos que se alcanzarán en caso de conseguir el objetivo central.	
		Los problemas enunciados como situaciones negativas se convierten en condiciones positivas de futuro o estados alcanzados, es decir, el Árbol del problema se convierte en el Árbol de objetivos.	Para ordenar la secuencia de esta vinculación, lo que permitirá estructurar la intervención gubernamental. Para fortalecer la vinculación entre los medios y fines.	¿Los medios garantizan alcanzar la solución del objetivo central?

4.- Selección de alternativas	Determinar las medidas que constituirán la intervención gubernamental.	En analizar y valorar cuidadosamente las opciones de acción más efectivas para lograr los objetivos planteados.		¿Qué medios-fines tienen un vínculo directo con el resultado esperado? ¿Qué medios pueden alcanzarse con la intervención gubernamental, en qué plazo y a qué costo?
		En seleccionar, dentro del Árbol de Objetivos, los medios que pueden llevarse a cabo con mayores posibilidades de éxito, considerando las restricciones que apliquen en cada caso, particularmente su factibilidad técnica y presupuestaria.	Para determinar las actividades y medios que integran la estructura del programa.	¿Cuáles serían los bienes y servicios que la intervención gubernamental debe producir para alcanzar su objetivo? ¿Qué acciones deben realizarse para generarlos? ¿El marco normativo aplicable permite la ejecución de la alternativa seleccionada?
		Corresponde a la última fase de la identificación de la solución del problema definido.		

| 5.- Definición de la estructura analítica del programa | Asegurar la coherencia interna del programa, así como la definición de los indicadores estratégicos y de gestión que permitan conocer los resultados generados por la acción gubernamental, y con ello, el éxito o fracaso de su instrumentación. | En analizar y relacionar la coherencia entre el problema, necesidad u oportunidad identificada (incluyendo sus causas y efectos) y los objetivos y medios para su solución, así como la secuencia lógica (vertical) entre los mismos. Para ello se compara la cadena de medios objetivos-fines seleccionada, con la cadena de causas, problema-efectos que le corresponde. | Para perfilar los niveles del Resumen Narrativo de la MIR. Para definir la línea base del programa y el horizonte de los resultados esperados durante la vida útil del mismo. Para construir los indicadores. | ¿El objetivo identificado equivale a la solución del problema que origina la acción pública? ¿Los medios identificados son precisos tanto para la solución de cada una de las causas del problema como para el logro del objetivo? |

6.- Construcción de la Matriz de Indicadores de Resultados

Sintetizar en un diagrama muy sencillo y homogéneo la alternativa de solución seleccionada, lo que permite darle sentido a la intervención gubernamental.	En establecer y estructurar el problema central; ordenar en un programa los medios y fines del Árbol de Objetivos.		¿Cómo se integra el programa?
Establecer con claridad los objetivos y resultados esperados de los programas a los que se asignan recursos presupuestarios.	Generar indicadores para medir sus resultados.	Para orientar la gestión en torno a la consecución de resultados de los programas.	¿Cuáles son sus objetivos? ¿Qué indicadores hay para medir el logro de los objetivos?
	Definir los medios que permitirán verificar esos resultados.		¿Dónde se verifica la información para alimentar los indicadores?
Definir los indicadores estratégicos y de gestión que permitan conocer los resultados generados por la acción gubernamental, y con ello, el éxito o fracaso de su instrumentación.	Describir los riesgos que podrían afectar la ejecución del mismo o las condiciones externas necesarias para el éxito del programa.	Para informar a través de la matriz la naturaleza del programa y cómo se mide el logro de los resultados.	¿Cuáles son las condiciones previstas para el óptimo desempeño del programa?

Fuente: adaptado de UNAM y SHCP (2017).

Uno de los elementos centrales a cuyo eje deben dirigirse las autoridades municipales a es impulsar el desarrollo económico, social y ambiental local desde una mirada estratégica. Para tal fin se tiene que dejar en claro cuáles son los objetivos centrales a desarrollar; sin embargo, para llegar a ellos es necesario tener claro cuál es el problema o problemas principales.

El primer paso para llegar a ellos dentro de la MML es su identificación, también llamada *situación incierta*, que da origen y justifica la intervención a fin de dar una posible solución. Para ello, es necesario considerar tres aspectos fundamentales (UNAM y SHCP, 2017):

a) La necesidad por satisfacer o resolver el problema principal.
b) Magnitud del problema.
c) Delimitación de población afectada por el problema (población potencial).

De acuerdo con algunos autores, se sabe que si se identifica de manera clara el problema, se tiene prácticamente el 80% de su solución. De tal manera que es importante hacer hincapié en la relevancia de esta primer fase del MML, pues conducirá al reconocimieto de los objetivos del plan estratégico o plan municipal de desarrollo que se formule (Silva Lara, 2003).

En este contexto, los programas municipales de desarrollo tienen como razón de ser dar solución a uno o varios problemas específicos dentro del territorio municipal o regional, y si fuera el caso, a un grupo de la población o sociedad, "dando paso a la conceptualización de una situación futura deseada o situación objetivo" (UNAM y SHCP, 2017 p.18). En este aspecto, dichos problemas deben estar definidos en el Plan Municipal de Desarrollo (PMD).

En semejante coyuntura, el problema invariablemente debe referir a una necesidad insatisfecha o a una condición negativa de una sociedad, y que derivado de ello pueda responder a la pregunta: ¿quiénes son los que presentan el problema?, es decir, la población afectada o también denominada población potencial, situación que permite su identificación e incluso su contabilización (UNAM y SHCP, 2017).

Para la detección del problema, se sugiere considerar de manera general los siguientes pasos (UNAM y SHCP, 2017 p.22; Silva Lira, 2003 p.31):

I) Consultar información documental respecto a la población objetivo o área de enfoque, misma que podría obtenerse mediante un diagnóstico de problemas y del análisis de las prioridades gubernamentales.

II) Seleccionar un grupo de actores (expertos y/o actores involucrados) a quienes consultar sobre situaciones negativas que afectan el desempeño del sector que atañe al ámbito de competencias de la instancia pública, en este caso el municipio.

III) Realizar sesiones participativas con este grupo de actores para identificar los problemas, como una lluvia de ideas, tratando de justificarlas con base en la información documental analizada y que afecta de manera central a la comunidad evaluada. En este punto se debe precisar los efectos más importantes del problema en cuestión, de tal forma que sea posible explorar y verificar su importancia. Se trata de tener una idea clara de las consecuencias que origina el no resolver el problema que se ha detectado y que hace que se amerite la búsqueda de soluciones.

IV) Identificar a qué grupos de la población afecta el problema.

V) Realizar el planteamiento del problema principal.

Análisis del objetivo

De acuerdo con Silva Lara (2003 p.30), uno de los problemas más recurrentes en esta etapa es que se suelen proponer soluciones en lugar de analizar el problema per se. Esto es recurrente con frases como *lo que aquí hace falta es una escuela, hay que construir un hospital infantil, la falta de medicamentos ha aumentado las enfermedades respiratorias, es necesario construir un nuevo centro polideportivo para disminuir la delincuencia juvenil.* Todas ellas son aseveraciones correspondientes a propuestas de soluciones, pero sin que se tenga claridad y comprensión total de cuál es el problema que se quiere resolver, definido en la etapa anterior.

Para analizar de manera correcta un problema es necesario construir un *árbol de problemas,* el cual se representa mediante un esquema gráfico que permite descubrir las causas y efectos del problema o problemas principales planteados. Esquemáticamente, el tronco del árbol representa el problema o problemas principales, las raíces las causas y las ramas las consecuencias o efectos (Figura 5).

Figura 5.- Árbol de problemas de la MML

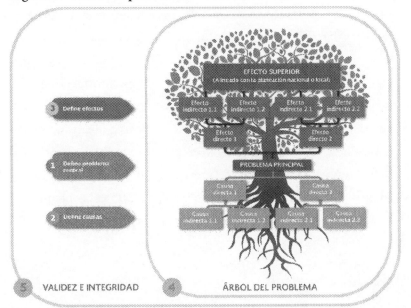

Fuente: UNAM y SHCP (2017 p.27)

Este árbol de problemas, por lo general, se construye de manera participativa con los miembros del equipo quienes están diseñando el

PMD, y la forma general para su construcción se resume en los siguientes pasos (Ortegón et al., 2005; Silva Lara, 2003; UNAM & SHCP, 2017):

I) Recuperar el problema principal, previamente definido.

II) Mediante una lluvia de ideas y en un ambiente participativo y consensuado, precisar las causas del problema principal (análisis de causas), así como los efectos provocados por dicho problema (análisis de efectos). Se trata, en otras palabras, de tener una idea clara del nivel de gravedad de las consecuencias que puede originar el no resolver el problema que se ha detectado y que hace que se amerite la búsqueda de soluciones.

III) Elaborar un esquema que integre las relaciones de causa-efecto (Árbol de problemas). Es importante resaltar que se debe buscar la relación causal directamente derivada del problema concreto para el caso de las causas y de los efectos. Es conveniente formular el problema como un estado negativo, centrarse en el análisis de causas y efectos sólo en un problema central, y no confundir el problema con la ausencia de una solución.

IV) Revisar el esquema completo y verificar su validez e integridad todas las veces que sea necesario.

Esquemáticamente, una vez identificado el problema central primero se deben delimitar las causas que lo originan (Figura 6), es decir, las condiciones negativas que están determinando que el problema exista o suceda. En este sentido, cabe preguntarse el porqué del problema o situación. Las respuestas a este cuestionamiento permitirán encontrar las diversas causas que están asociadas al problema central en sus distintos niveles, diferenciándose causas directas, secundarias o profundas que ayudan a definir en mayor medida los factores que dieron origen al problema (Figura 7) (UNAM y SHCP, 2017).

Figura 6.- Análisis del problema: árbol de causas

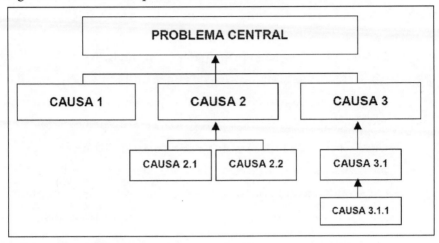

Fuente: Silva, 2003 p.32

Figura 7.- Ejemplo de un árbol de causas.

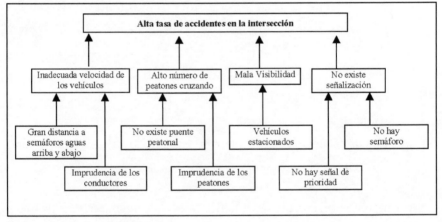

Fuente: Ortegón *et al.*, 2005 p.74

Por otro lado, el árbol de efectos (Figura 8) representa el segundo paso de análisis del problema central. En este se establecen las consecuencias o efectos que resultan de la existencia del problema principal previamente definido y que está relacionado con las causas previamente identificadas, es decir, se detallan las condicionantes negativas que sucederían si no se resuelve el problema (Figura 9). Es importante recalcar que se sugiere únicamente alcanzar un tercer nivel de efectos, esto a fin de que no se corra el riesgo de alejarse del problema central, sin caer en la exposición de un único efecto (UNAM y SHCP, 2017).

Una vez identificado el problema o problemas centrales, las causas y efectos, entonces es momento de unificarlos e integrarlos en lo que finalmente se denomina árbol de problemas (Figura 10). Este esquema contribuye a ordenar de manera lógica el camino que se debe seguir para el desarrollo de las posibles soluciones.

Figura 8.- Análisis del problema: árbol de efectos

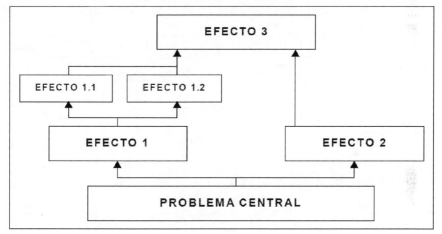

Fuente: Silva, 2003 p.31

Figura 9.- Ejemplo de un árbol de efectos.

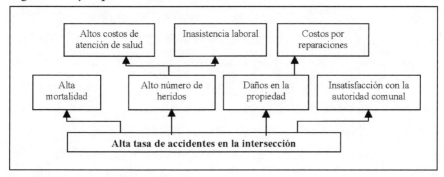

Fuente: Ortegón *et al.*, 2005 p.73

Figura 10.- Ejemplo gráfico de un árbol de problemas: problema, causas y efectos.

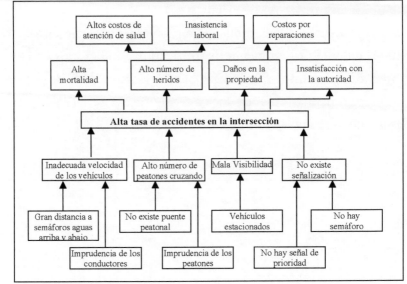

Fuente: Ortegón et al., 2005 p. 75

Selección de alternativa

El siguiente paso dentro de la MML es la definición de los objetivos o análisis de objetivos. En esta etapa lo que se busca es realizar una proyección de la o las situaciones futuras deseables de alcanzar a partir de la identificación del problema, sus causas y efectos. El resultado de la especificación de los objetivos se traducirá en el desarrollo de un programa institucional (Ortegón et al., 2005; UNAM & SHCP, 2017).

Metodológicamente, el árbol de problemas debe transmutarse en un árbol de objetivos, que, de acuerdo con la planeación prospectiva, permitirá determinar el futuro factible o futuro deseado. Para construirlo, es necesario convertir las condiciones negativas del árbol de problemas a condiciones positivas y deseadas, es decir, se debe plantear la situación contraria. En este punto, el problema central o problemas centrales se transforman en el objetivo u objetivos centrales; las causas se transforman en medios y los efectos se convierten en los fines. En la definición de medios y fines se deben de considerar tanto aquellos directos o principales como los indirectos o secundarios. Estos facilitan la explicación de las posibles causas y efectos del problema. (Figura 11).

Al respecto, es importante mencionar que si al analizar las expresiones positivas dentro del árbol de objetivos no se encuentra un sentido lógico o una relación con el árbol de problemas, es preciso revisar y replantear el árbol de problemas. Lo anterior es necesario, pues el árbol de objetivos debe llevar a las alternativas de solución de los problemas identificados (Ortegón et al., 2005; UNAM & SHCP, 2017).

Figura 11.- Análisis de los objetivos: árbol de objetivos

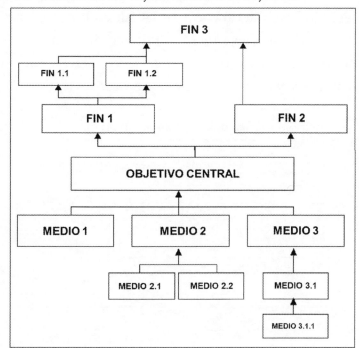

Fuente: Elaboración propia.

De manera general, la elaboración del árbol de objetivos se resume en cinco pasos, aunque es recomendable iniciarlo de arriba hacia abajo, esto con el fin de mostrar las relaciones medios-fines (como en el caso de las causas-efectos), es decir, se debe de identificar primero los fines y posteriormente los medios, que será la forma como se alcanzará dicho fin (UNAM & SHCP, 2017 p.40):

I) Cambiar las condiciones negativas del árbol de problemas a condiciones positivas que se estiman deseadas y viables de ser alcanzadas.

II) Examinar las relaciones entre medios y fines para garantizar la validez lógica del esquema de análisis.

III) En caso de ser necesario, se deben modificar las formulaciones que no se juzguen correctas.

IV) Construir el árbol de objetivos.

V) Validarlo. Si al realizarlo se determinan inconsistencias, resulta esencial revisarlo para detectar las fallas y volver a formularlo. En caso de que no estuvieran incluidos inicialmente, pueden agregarse nuevos objetivos que se consideren relevantes y eliminar aquellos que no se reputen efectivos (Figura 12).

Figura 12.- Ejemplo gráfico de un árbol de objetivos

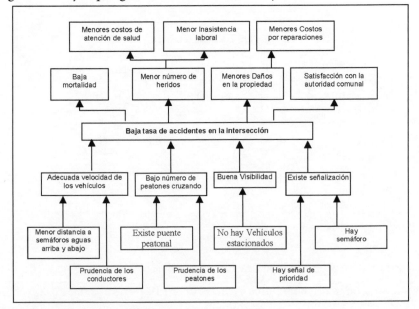

Fuente: Ortegón *et al.*, 2005 p. 76

Desde el punto de vista de la planeación municipal, en la construcción del árbol de objetivos, los medios dirigen y conllevan a las actividades y estrategias de un programa, las actividades nos permiten plantear metas las cuales a su vez se acercan a los resultados; a través de los resultados se busca alcanzar a los objetivos específicos, y, finalmente, con éstos es posible llegar al objetivo general. Estos últimos siempre están asociados a las metas del proyecto. Lo anterior en su conjunto permite establecer un esquema de seguimiento, evaluación y control de todo programa institucional de gobierno, ya sea del orden federal, estatal o como es en este caso a nivel municipal (Figura 13). Como se abordará más adelante en la MIR, los programas institucionales tienen diversos niveles de objetivos, los cuales deben ser extraídos del árbol de objetivos.

Figura 13.- Esquema de seguimiento, evaluación y control de los programas gubernamentales

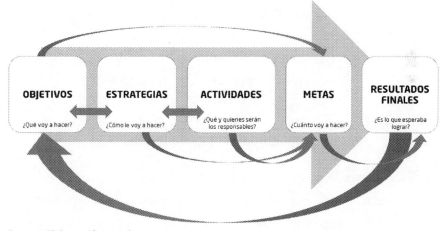

Fuente: Elaboración propia.

Una vez formuladas las acciones (actividades, estrategias y metas) a partir del árbol de objetivos para la solución del o los problemas identificados, se deben definir las alternativas para la solución del problema y el logro del programa. Para ello es necesario identificar las alternativas o acciones viables, pertinentes y complementarias de aquellas excluyentes o poco factibles (Ortegón et al., 2005; UNAM y SHCP, 2017).

De acuerdo con Ortegón *et al.*, (2005) y UNAM y SHCP (2017) los pasos para la selección e identificación de alternativas son:

I) Discriminar entre acciones, es decir, identificar aquellas que son factibles de llevarse a cabo en conjunto y que van a complementar sus aportes a la solución del problema, de aquellas que no pueden realizarse en conjunto.

II) Verificar el grado de interdependencia entre las acciones propuestas y agrupar aquellas que sean complementarias. Cada grupo complementario podrá configurar una acción alternativa.

III) Analizar el nivel de incidencia en la solución del problema. Se debe dar mayor prioridad a aquella que incida presumiblemente en un elevado porcentaje de cara a resolver problema.

IV) Verificar la factibilidad (física, técnica, presupuestaria, institucional, cultural, entre otras).

V) Verificar que se encuentre dentro del marco de las competencias gubernamentales de quien se encuentre a cargo.

La estructura analítica del programa

Este apartado se construye a partir del árbol de objetivos visto desde cuatro niveles: fin, propósito, componentes y actividades, los cuales dan origen a la MIR. Para el caso del fin y el propósito, ambos se toman directamente del árbol de objetivos, mientras que los componentes y actividades resultan del análisis de las alternativas (Ortegón *et al.*, 2005). El hecho de contar con una estructura analítica del programa viable, pertinente, eficaz y eficiente asegurará la existencia de un programa exitoso y el cumplimiento cabal de su objetivo (Figura 14).

Figura 14.- Estructura analítica de un proyecto

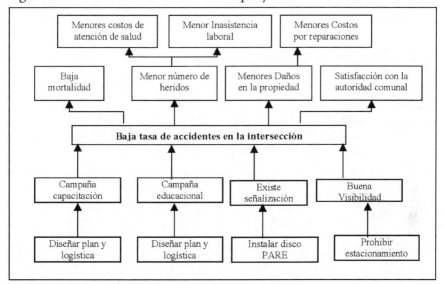

Fuente: Ortegón et al., 2005 p.81

Construcción de la Matriz de Indicadores de Resultados

La MIR es el producto principal derivado de la aplicación de la MML y está compuesta por cuatro filas y cuatro columnas. Las filas denotan niveles de objetivos del programa, mientras que las columnas permiten establecer cómo se medirán sus resultados y los factores externos que se deben de considerar para el cumplimiento de los objetivos. En él se define el fin, el propósito, el o los componentes, así como las actividades (Ortegón *et al.*, 2005; UNAM & SHCP, 2017) (Figura 15). Al final se articula una relación fila-pregunta que ayuda a formular un diseño coherente y que finalmente concluye con la elaboración de la Matriz de Indicadores de Resultados (MIR) (Figura 16).

Figura 15.- Elementos de una Matriz de Indicadores de Resultados

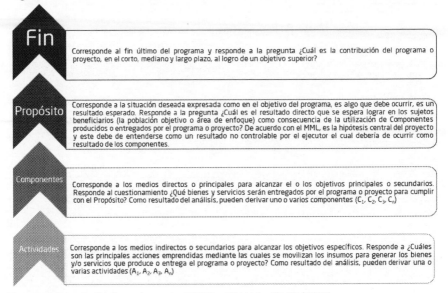

Fuente: adaptado de Ortegón et al., (2005) y UNAM y SHCP (2017).

Figura 16.- Matriz de Indicadores de Resultados.

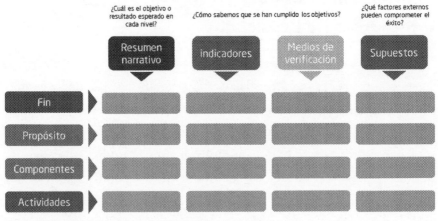

Fuente: adaptado de UNAM y SHCP (2017).

De la MIR, el Resumen Narrativo constituye una síntesis de las actividades del proyecto, los productos que se entregaran, así como los resultados en el corto, mediano y largo plazo que se esperan en el cumplimiento del objetivo y de la población objetivo o potencial. Para llegar a este punto es necesario conocer plenamente el programa (Tabla 2) (Ortegón *et al.*, 2005; UNAM y SHCP, 2017).

Tabla 2.- Ejemplo del resumen narrativo de un programa institucional

Dependencia:	Secretaria de Medio Ambiente
Área:	Unidad de cambio climático
Beneficiario:	Los habitantes y el patrimonio natural del territorio veracruzano
Elemento MIR	**Resumen narrativo**
Fin	Reducir las emisiones de gases de efecto invernadero y realizar acciones de adaptación al Cambio Climático mediante la formulación de instrumentos que reduzcan la vulnerabilidad de los sistemas naturales y humanos.
Propósito	Proteger a los sistemas naturales y dotar a los habitantes del territorio veracruzano de instrumentos que les permitan reducir su vulnerabilidad al Cambio Climático.
Elemento MIR	**Resumen narrativo**
Componente	C_1.- Elaborar las Agendas Sectoriales de Cambio Climático de las dependencias y entidades de la Administración Pública Estatal.
	C_2.- Elaborar y actualizar las Agendas Municipales de Cambio Climático.
	C_3.- Elaborar y ejecutar proyectos que fomenten la utilización de energías renovables y tecnologías limpias en el territorio veracruzano.
Actividades	A_1C_1.- Realizar talleres de capacitación a enlaces de las Agendas Sectoriales de Cambio Climático.
	A_2C_1.- Actualizar el Sistema de Monitoreo, Reporte y Verificación (MRV).
	A_3C_1.- Recibir los reportes de las Dependencias del Gobierno del Estado de Veracruz en torno a las acciones efectuadas sobre el cambio climático.
	A_1C_2.- Realizar talleres de capacitación a enlaces de los ayuntamientos.
	A_2C_2.- Dar seguimiento a la elaboración de las Agendas Municipales de Cambio Climático.
	A_1C_3.- Publicación de documentos en materia de mitigación de GEI y adaptación al cambio climático.
	A_2C_3.- Elaborar y ejecutar proyecto de tecnologías eficientes como medidas de mitigación de GEI.

Fuente: adaptado de SEDEMA (2017).

Por su parte, un indicador es una representación operacional de un atributo el cual sintetiza aspectos de un fenómeno en particular, tiene propósitos analíticos y prácticos. Desde la óptica de la MML, los indicadores definen y describen las metas del programa en cada nivel de análisis de la MIR. Estos indicadores guían a las actividades de gestión/monitoreo y de evaluación del proyecto en términos del logro o de los impactos alcanzados. Un indicador bien formulado permite una buena gestión del proyecto y ayuda a delimitar si es necesario agregar más componentes al proyecto (Tabla 3). En este sentido, un indicador puede ser de tipo cualitativo o cuantitativo, el cual en todo momento debe señalar el ¿para quién?, el ¿cuánto?, ¿de qué tipo?, el ¿cuándo? y el ¿dónde? Sin embargo, también es posible clasificarlos por su tipo y nivel de medición, en estratégicos y de gestión. Para el caso de los primeros, éstos se dan a nivel de FIN y PROPÓSITO, mientras que los de gestión, a nivel de COMPONENTES y ACTIVIDADES (Ortegón *et al.*, 2005; Silva Lara, 2003; UNAM y SHCP, 2017).

Tabla 3.- Ejemplo de indicadores de un programa institucional

Dependencia:	Secretaría de Medio Ambiente	
Área:	Unidad de cambio climático	
Beneficiario:	Los habitantes y el patrimonio natural del territorio veracruzano	
Elemento MIR	**Resumen narrativo**	**Indicador**
Fin	Reducir las emisiones de gases de efecto invernadero y realizar acciones de adaptación al Cambio Climático mediante la formulación de instrumentos que reduzcan la vulnerabilidad de los sistemas naturales y humanos.	Porcentaje de toneladas de bióxido de carbono equivalente (tCO_2e) reducidas en el Estado de Veracruz.
Propósito	Proteger a los sistemas naturales y dotar a los habitantes del territorio veracruzano de instrumentos que les permitan reducir su vulnerabilidad al Cambio Climático.	Porcentaje de incremento de capacidades adaptativas de los habitantes del territorio veracruzano para reducir la vulnerabilidad ante el cambio climático.
Componente	C_1.- Elaborar las Agendas Sectoriales de Cambio Climático de las dependencias y entidades de la Administración Pública Estatal.	Porcentaje de las Agendas Sectoriales de Cambio Climático de las dependencias y entidades de la Administración Pública Estatal, elaboradas, actualizadas, revisadas y dictaminadas.

Dependencia:	Secretaría de Medio Ambiente	
Área:	Unidad de cambio climático	
Beneficiario:	Los habitantes y el patrimonio natural del territorio veracruzano	
Elemento MIR	Resumen narrativo	Indicador
	C_2.- Elaborar y actualizar las Agendas Municipales de Cambio Climático.	Porcentaje de las Agendas Municipales de Cambio Climático elaboradas y actualizadas.
	C_3.- Elaborar y ejecutar proyectos que fomenten la utilización de energías renovables y tecnologías limpias en el territorio veracruzano.	Porcentaje de proyectos que fomenten la utilización de energías renovables y tecnologías limpias, elaborados y ejecutados.
	A_1C_1.- Realizar talleres de capacitación a enlaces de las Agendas Sectoriales de Cambio Climático.	Porcentaje de talleres de capacitación a enlaces de las Agendas Sectoriales de Cambio Climático realizados.
	A_2C_1.- Actualizar el Sistema de Monitoreo, Reporte y Verificación (MRV).	Porcentaje de actualización del Sistema de Monitoreo, Reporte y Verificación (MRV).
	A_3C_1.- Recibir los reportes de las Dependencias del Gobierno del Estado de Veracruz sobre las acciones efectuadas en torno al cambio climático.	Porcentaje de reportes recibidos por parte de las dependencias.
Actividades	A_1C_2.- Realizar talleres de capacitación a enlaces de los ayuntamientos.	Porcentaje de talleres de capacitación a enlaces de los ayuntamientos realizados.
	A_2C_2.- Dar seguimiento a la elaboración de las Agendas Municipales de Cambio Climático.	Porcentaje de acciones realizadas en seguimiento a la elaboración de las Agendas Municipales de Cambio Climático.
	A_1C_3.- Publicación de documentos en materia de mitigación de GEI y adaptación al cambio climático.	Porcentaje de documentos en materia de mitigación de GEI y adaptación al cambio climático.
	A_2C_3.- Elaborar y ejecutar proyecto de tecnologías eficientes como medidas de mitigación de GEI.	Porcentaje de elaboración y ejecución de proyectos de tecnologías eficientes como medidas de mitigación de GEI.

Fuente: adaptado de SEDEMA (2017).

Un buen indicador debe tener ciertas características:

a) Ser verificable.
b) Fácil de usar.
c) Que proporcione información clara, precisa y concisa.
d) Que sea pertinente y entregue información relevante.
e) Que sea adaptable, a fin de reflejar cambios en las variables de análisis.
f) Que permita la toma de decisiones.
g) Que funcione como información complementaria.
h) Que genere conocimientos.
i) Que los métodos de su selección sean transparentes.
j) Que pueda ser comparable y evaluable.
k) Que sea económico y de acceso razonable.

Una vez definidos los indicadores, es necesario contar con los medios de verificación. Estos se refieren a las fuentes de información para la medición, evaluación y monitoreo de los indicadores en la MIR, mismas que para el caso de los PMD deben ser de carácter público o institucional, de publicación oportuna, periódica y de amplia circulación, aunque en algunos casos es posible que esto no suceda y se requiera de la generación de datos de monitoreo y evaluación, siendo incluso el mismo programa el cual provea esta información a partir de entrevistas o encuestas, estadísticas, material publicado, registros administrativos, auditorías, entre otros (Tabla 4) (UNAM y SHCP, 2017).

Tabla 4.- Ejemplo de medios de verificación de un programa institucional

Dependencia:	Secretaria de Medio Ambiente		
Área:	Unidad de cambio climático		
Beneficiario:	Los habitantes y el patrimonio natural del territorio veracruzano		
Elemento MIR	Resumen narrativo	Indicador	Medio de verificación
Fin	Reducir las emisiones de gases de efecto invernadero y realizar acciones de adaptación al Cambio Climático mediante la formulación de instrumentos que reduzcan la vulnerabilidad de los sistemas naturales y humanos.	Porcentaje de toneladas de bióxido de carbono equivalente (tCO_2e) reducidas en el estado de Veracruz.	Registros de la Unidad de Cambio Climático. Sistema de Monitoreo Reporte y Verificación de las Agendas Sectoriales de Cambio Climático. Agendas Municipales de Cambio Climático
Propósito	Proteger a los sistemas naturales y dotar a los habitantes del territorio veracruzano de instrumentos que les permiten reducir su vulnerabilidad al Cambio Climático.	Porcentaje de incremento de capacidades adaptativas de los habitantes del territorio veracruzano para reducir la vulnerabilidad ante el cambio climático.	Registros de la Unidad de Cambio Climático, Registros de la Dirección General de Desarrollo Forestal y de la Dirección General de Gestión Ambiental y Recursos Naturales, Sistema de Monitoreo Reporte y Verificación de las Agendas Sectoriales de Cambio Climático, Agendas Municipales de Cambio Climático, Agenda Sectorial de Cambio Climático.

Dependencia:	Secretaria de Medio Ambiente		
Área:	Unidad de cambio climático		
Beneficiario:	Los habitantes y el patrimonio natural del territorio veracruzano		
Elemento MIR	Resumen narrativo	Indicador	Medio de verificación
Componente	C_1.- Elaborar las Agendas Sectoriales de Cambio Climático de las dependencias y entidades de la Administración Pública Estatal.	Porcentaje de las Agendas Sectoriales de Cambio Climático de las dependencias y entidades de la Administración Pública Estatal, elaboradas, actualizadas, revisadas y dictaminadas.	Registros de la Unidad de Cambio Climático. Agendas Sectoriales de Cambio Climático.
Actividades	C_2.- Elaborar y actualizar las Agendas Municipales de Cambio Climático.	Porcentaje de las Agendas Municipales de Cambio Climático elaboradas y actualizadas.	Registros de la Unidad de Cambio Climático. Agendas Municipales de Cambio Climático.
	C_3.- Elaborar y ejecutar proyectos que fomenten la utilización de energías renovables y tecnologías limpias en el territorio veracruzano.	Porcentaje de proyectos que fomenten la utilización de energías renovables y tecnologías limpias elaborados y ejecutados.	Registros de la Unidad de Cambio Climático. Expedientes de los proyectos.
	A_1C_1.- Realizar talleres de capacitación a enlaces de las Agendas Sectoriales de Cambio Climático.	Porcentaje de talleres de capacitación a enlaces de las Agendas Sectoriales de Cambio Climático realizados.	Registros de la Unidad de Cambio Climático. Agendas Sectoriales de Cambio Climático.
	A_2C_1.- Actualizar el Sistema de Monitoreo, Reporte y Verificación (MRV).	Porcentaje de actualización del Sistema de Monitoreo, Reporte y Verificación (MRV).	Registros de la Unidad de Cambio Climático. Agendas Sectoriales de Cambio Climático.

Actividades	A_3C_1.- Recibir los reportes de las Dependencias del Gobierno del Estado de Veracruz de las acciones en cambio climático efectuadas.	Porcentaje de reportes recibidos por parte de las dependencias.	Registros de la Unidad de Cambio Climático. Agendas Sectoriales de Cambio Climático.
	A_1C_2.- Realizar talleres de capacitación a enlaces de los ayuntamientos.	Porcentaje de talleres de capacitación a enlaces de los ayuntamientos realizados.	Registros de la Unidad de Cambio Climático. Agendas Municipales de Cambio Climático.
	A_2C_2.- Dar seguimiento a la elaboración de las Agendas Municipales de Cambio Climático.	Porcentaje de acciones realizadas en seguimiento a la elaboración de las Agendas Municipales de Cambio Climático.	Registros de la Unidad de Cambio.
	A_1C_3.- Publicación de documentos en materia mitigación de GEI y adaptación al cambio climático.	Porcentaje de documentos en materia de mitigación de GEI y adaptación al cambio climático.	Registros de la Unidad de Cambio.
	A_2C_3.- Elaborar y ejecutar proyecto de tecnologías eficientes como medidas de mitigación de GEI.	Porcentaje de elaboración y ejecución de proyectos de tecnologías eficientes como medidas de mitigación de GEI.	Registros de la Unidad de Cambio Climático. Expedientes de los proyectos.

Fuente: adaptado de SEDEMA (2017).

Por último, se encuentra la construcción de los supuestos en cada nivel de análisis. Estos supuestos son los factores externos, no controlados por el ejecutor, que pueden incidir en el éxito o fracaso del programa. Se refiere básicamente a las distintas condiciones, acontecimientos o decisiones que tienen que ocurrir para que se alcancen los objetivos y las metas del programa, es decir, son los riesgos a los cuales está expuesto el programa los cuales pueden ser del tipo ambiental, financieros, institucionales, sociales, políticos o de otra índole (Ortegón et al., 2005).

Identificarlos siempre será positivo pues centrarse en ellos permitiría agregar variantes en el diseño del proyecto y que al final se traduzcan en el éxito de este. Cabe mencionar que el nivel o grado de incertidumbre de los supuestos puede llegar a generar un replanteamiento parcial o total del programa (UNAM y SHCP, 2017). Sin embargo, definir de manera explícita los supuestos permite mayor objetividad en el monitoreo y evaluación final, de ahí la importancia de que el monitoreo incluya también a los supuestos durante la intervención o vigencia del programa; y que de manera general, la pregunta que identifica a los supuestos está orientada hacia ¿Cuáles son los factores externos que dificulta la implementación, seguimiento y evaluación del programa, sus metas y objetivos? (Tabla 5).

Tabla 5.- Ejemplo de los supuestos de un programa institucional dentro de la MIR.

Dependencia:	Secretaria de Medio Ambiente			
Área:	Unidad de cambio climático			
Beneficiario:	Los habitantes y el patrimonio natural del territorio veracruzano			
Elemento MIR	**Resumen narrativo**	**Indicador**	**Medio de verificación**	**Supuesto**
Fin	Reducir las emisiones de gases de efecto invernadero y realizar acciones de adaptación al Cambio Climático mediante la formulación de instrumentos que reduzcan la vulnerabilidad de los sistemas naturales y humanos.	Porcentaje de toneladas de bióxido de carbono equivalente (tCO_2e) reducidas en el estado de Veracruz.	Registros de la Unidad de Cambio Climático. Sistema de Monitoreo Reporte y Verificación de las Agendas Sectoriales de Cambio Climático. Agendas Municipales de Cambio Climático	Se cuenta con los recursos humanos, materiales y financieros necesarios para reducir las emisiones de CO_2

Dependencia:	Secretaria de Medio Ambiente			
Área:	Unidad de cambio climático			
Beneficiario:	Los habitantes y el patrimonio natural del territorio veracruzano			
Elemento MIR	Resumen narrativo	Indicador	Medio de verificación	Supuesto
Propósito	Proteger a los sistemas naturales y dotar a los habitantes del territorio veracruzano de instrumentos que les permiten reducir su vulnerabilidad al Cambio Climático.	Porcentaje de incremento de capacidades adaptativas de los habitantes del territorio veracruzano para reducir la vulnerabilidad ante el cambio climático.	Registros de la Unidad de Cambio Climático, Registros de la Dirección General de Desarrollo Forestal y de la Dirección General de Gestión Ambiental y Recursos Naturales, Sistema de Monitoreo Reporte y Verificación de las Agendas Sectoriales de Cambio Climático, Agendas Municipales de Cambio Climático, Agenda Sectorial de Cambio Climático.	Se cuenta con los recursos humanos, materiales y financieros para capacitar a las personas reducir la vulnerabilidad ante el cambio climático de los sistemas naturales.
Componentes	C_1.- Elaborar las Agendas Sectoriales de Cambio Climático de las dependencias y entidades de la Administración Pública Estatal.	Porcentaje de las Agendas Sectoriales de Cambio Climático de las dependencias y entidades de la Administración Pública Estatal, elaboradas, actualizadas, revisadas y dictaminadas.	Registros de la Unidad de Cambio Climático. Agendas Sectoriales de Cambio Climático.	Se cuenta con los recursos humanos, materiales y financieros para realizar, actualizar, revisar y/o dictaminar las Agendas Sectoriales.
	C_2.- Elaborar y actualizar las Agendas Municipales de Cambio Climático.	Porcentaje de las Agendas Municipales de Cambio Climático elaboradas y actualizadas.	Registros de la Unidad de Cambio Climático. Agendas Municipales de Cambio Climático.	Se cuenta con los recursos humanos, materiales y económicos necesarios para elaborar y/o actualizar las agendas municipales.

Dependencia:	Secretaria de Medio Ambiente			
Área:	Unidad de cambio climático			
Beneficiario:	Los habitantes y el patrimonio natural del territorio veracruzano			
Elemento MIR	**Resumen narrativo**	**Indicador**	**Medio de verificación**	**Supuesto**
	C_3.- Elaborar y ejecutar proyectos que fomenten la utilización de energías renovables y tecnologías limpias en el territorio veracruzano.	Porcentaje de proyectos que fomenten la utilización de energías renovables y tecnologías limpias elaborados y ejecutados.	Registros de la Unidad de Cambio Climático. Expedientes de los proyectos.	Se cuenta con los recursos humanos, materiales y económicos necesarios para realizar los proyectos en materia de Cambio Climático.
	A_1C_1.- Realizar talleres de capacitación a enlaces de las Agendas Sectoriales de Cambio Climático.	Porcentaje de talleres de capacitación a enlaces de las Agendas Sectoriales de Cambio Climático realizados.	Registros de la Unidad de Cambio Climático. Agendas Sectoriales de Cambio Climático.	Se cuenta con los recursos humanos, materiales y económicos necesarios para realizar los talleres.
	A_2C_1.- Actualizar el Sistema de Monitoreo, Reporte y Verificación (MRV).	Porcentaje de actualización del Sistema de Monitoreo, Reporte y Verificación (MRV).	Registros de la Unidad de Cambio Climático. Agendas Sectoriales de Cambio Climático.	Se cuenta con los recursos humanos, materiales y económicos necesarios para actualizar el Sistema MRV.
Actividades	A_3C_1.- Recibir los reportes de las Dependencias del Gobierno del Estado de Veracruz de las acciones en cambio climático efectuadas.	Porcentaje de reportes recibidos por parte de las dependencias.	Registros de la Unidad de Cambio Climático. Agendas Sectoriales de Cambio Climático.	Se cuenta con los recursos humanos, materiales y económicos necesarios para recibir los reportes de las dependencias.
	A_1C_2.- Realizar talleres de capacitación a enlaces de los ayuntamientos.	Porcentaje de talleres de capacitación a enlaces de los ayuntamientos realizados.	Registros de la Unidad de Cambio Climático. Agendas Municipales de Cambio Climático.	Se cuenta con los recursos humanos, materiales y económicos necesarios para realizar los talleres.

Dependencia:	Secretaria de Medio Ambiente			
Área:	Unidad de cambio climático			
Beneficiario:	Los habitantes y el patrimonio natural del territorio veracruzano			
Elemento MIR	Resumen narrativo	Indicador	Medio de verificación	Supuesto
	A_2C_2.- Dar seguimiento a la elaboración de las Agendas Municipales de Cambio Climático.	Porcentaje de acciones realizadas en seguimiento a la elaboración de las Agendas Municipales de Cambio Climático.	Registros de la Unidad de Cambio.	Se cuenta con los recursos humanos, materiales y económicos necesarios para realizar las acciones de seguimiento de las agendas.
	A_1C_3.- Publicación de documentos en materia mitigación de GEI y adaptación al cambio climático.	Porcentaje de documentos en materia de mitigación de GEI y adaptación al cambio climático.	Registros de la Unidad de Cambio.	Se cuenta con los recursos humanos, materiales y económicos necesarios para realizar los documentos.
	A_2C_3.- Elaborar y ejecutar proyecto de tecnologías eficientes como medidas de mitigación de GEI.	Porcentaje de elaboración y ejecución de proyectos de tecnologías eficientes como medidas de mitigación de GEI.	Registros de la Unidad de Cambio Climático. Expedientes de los proyectos.	Se cuenta con los recursos humanos, materiales y económicos necesarios para realizar los proyectos.

Fuente: adaptado de SEDEMA (2017).

APARTADO III

Planeación Municipal en Veracruz

Guion del método para la elaboración del Plan Municipal de Desarrrollo

Tal y como se ha comentado en párrafos anteriores sobre la obligatoriedad y forma en que debe ser abordada la elaboración de los Planes para los municipios del estado de Veracruz, el artículo 45 de Ley de Planeación del Estado de Veracruz Llave (Ley número 12) establece que dentro de los elementos que debe tener es el estar enmarcado en la MML, el Plan Municipal deberá contener diagnóstico, objetivos, estrategias, indicadores y a su vez prioridades del desarrollo municipal mediante un método de la gestión para resultados.

Al respecto y retomando lo mencionado por el artículo 51, señala que dentro de sus capítulos habrá al menos cuatro elementos:

I) Diagnóstico de la situación actual del territorio municipal, basándose en información oficial, así como la obtenida en las consultas populares o por cualquier otro medio idóneo;

II) Prospectiva de desarrollo municipal y objetivos por lograr;

III) Programas que tendrán continuidad, los que se implementarán y las obras de infraestructura a ejecutar.

IV) Indicadores que permitan dimensionar y evaluar logros esperados.

Es precisamente sobre la base de esta consideración que se propone una estructura para la elaboración de los **PMD** sustentados en un Marco conceptual para el análisis de los fenómenos vinculados al desarrollo municipal y regional, con base en la MML.

Es una estructura que plantea un conjunto de variables mínimas a considerar, que responden a una estrategia de cuatro ejes rectores en que habrá de fundamentarse el desarrollo de los municipios, el crecimiento económico y la generación de empleo.

La estrategia de desarrollo ascendente que retoma los planteamientos centrales del desarrollo humano y que trasciende desde el individuo hacia la familia, posteriormente hacia el entorno municipal y finalmente hacia el tejido micro-regional. Cada eje rector está engarzado funcionalmente con su eje superior y al final el micro-regional, que es el cuarto eje, en tanto atiende la perspectiva de fenómenos macros, que solo se pueden atender en esa dimensión, propicia las condiciones de desarrollo del individuo y con ello se cierra el círculo virtuoso del desarrollo, en una espiral ascendente.

Al respecto, algunos de los problemas que enfrentan los gobiernos comprometidos con los ciudadanos es ¿Cómo ascender del bienestar de la población hacia el desarrollo municipal, pasando por mejorar las condiciones de vida de las familias y lograr además impactar en una trama micro-regional?; más aún, ¿Cómo lograr que al tiempo que se incide en el presente entorno se logren beneficios individuales y se cierre este círculo virtuoso del desarrollo?

Precisamente el método que se propone que se plantea tiene este propósito. No se trata tan solo de un listado de variables agrupadas de acuerdo con ciertos criterios. Subyace el sustento teórico necesario que integra funcionalmente las variables con las cuales se propone llevar a cabo el diagnóstico municipal y regional; y que a su vez siente las bases para la definición de objetivos consistentes con la realidad que se pretende encauzar hacia el desarrollo; además, que oriente la construcción de estrategias al interior de cada eje estratégico de desarrollo y entre cada uno de ellos.

De lo anterior, dos aspectos cobran relevancia fundamental:

a) El seguimiento estratégico y la valoración,
b) La redefinición de estrategias (con base en la perspectiva de los objetivos y los avances registrados en el cumplimiento de las metas que se pretenden alcanzar).

Para el caso del seguimiento estratégico y la valoración hay dos aspectos que son fundamentales:

I)   La definición de indicadores y,
II) La precisión de parámetros.

Mientras que para la redefinición de estrategias se requiere necesariamente de lo que Carlos Matus ha llamado el cálculo interactivo. Así, retomando los puntos analizados y discutidos se plantea la siguiente estructura para los PMD, la cual no necesariamente es exhaustiva, pues puede ampliarse según los requerimientos de planeación del municipio. También es importante señalar que en algunos casos existen municipios que no cuentan con una actividad agropecuaria, como el caso de Orizaba, por lo cual se podrá exceptuar el apartado correspondiente; como también es el caso de que existen municipios que no pertenecen a una Zona Metropolitana, por lo cual se podrá exceptuar, de igual forma, el apartado correspondiente. La propuesta básica es la siguiente:

*   *   *

A partir de esta estructura, en los anexos se incluye una lista de indicadores mínimos que debe de llevar el PMD en el orden ascendente propuesto: del individuo hacia el entorno regional, con el compromiso de que en subsecuentes trabajos se habrá de discutir en profundidad.

La dinámica de la planeación municipal debe iniciar con la elaboración del *Plan Municipal de Desarrollo* y ser el instrumento que permita conducir la toma de decisiones a lo largo de la administración municipal. De hecho, en tiempos actuales es fundamental trascender la elaboración del presente libro, como único fin de la planeación, y concebir a ésta como un instrumento que asegura eficiencia en la administración municipal y cumplimiento de objetivos en términos del desarrollo. Si bien el primer nivel de la planeación es la realización de un diagnóstico con rigor metodológico y científico, la definición de los objetivos es fundamental, en tanto una vez que se conocen los problemas y virtudes[19] de la realidad donde se va a operar es necesario definir el *que se va a hacer.*

De igual forma, se advierte que luego de *estar al tanto de la realidad* y definir el *que se va hacer,* es necesario precisar las limitaciones económicas, temporales, de lo político y demás, que permitirán precisar *cuánto se va hacer,* que en cuyo caso a dicha definición se conoce como metas. Una vez que se ha logrado conocer la realidad por medio de un diagnóstico, definido el *que se va a hacer* con objetivos claros y precisado el *cuanto se va hacer* se poen las meta, es conveniente entonces plantear con precisión el *cómo se le va hacer,* para garantizar se cumplan los objetivos y las metas; a esto se llama estrategia.

Las estrategias pueden ser de muchos tipos, pero en el caso de la planeación municipal se recomienda sea de tipo programático y de acuerdo a las áreas de responsabilidad en que esté organizada la administración del Ayuntamiento; de esta forma, a cada área o dirección administrativa le corresponderá poner en marcha un programa en específico.

---

[19]   ¿Cuál es el problema? ¿En dónde está el problema? ¿De qué tamaño es el problema? ¿Cuáles son las potencialidades del municipio? ¿Cuáles son las condicionantes en materia de desarrollo humano, sustentable, de infraestructura, poblacional, social, económico, político, regional?, entre otros, de igual relevancia.

En general, mucho podrá abundarse sobre el proceso a través del cual se baja a nivel operativo un plan municipal, sin embargo, cualquiera que sea la estrategia que se emplee, es conveniente que su estructura tenga un sustento científico para evitar una compilación de ocurrencias que sentencien a la marginación y la pobreza al municipio. De inicio, es recomendable tener en cuenta que la expresión de los fenómenos sociales, económicos, políticos y ambientales, entre otros, trascienden el espacio determinado por una división político- administrativa, en cuyo caso, su atención debe pensarse en esta dimensión; precisamente sobre la base de esta premisa es que se argumenta la necesidad de pensar el municipio hacia fuera y no solo hacia adentro.

Sin pretender entrar en una discusión de perspectiva regional, se recomienda la necesidad de definir estrategias de tipo intermunicipal y de integración micro-regional, como una alternativa para superar las contradicciones sociales que limitan el proceso de desarrollo municipal en la entidad veracruzana.

Si bien es cierto que el órgano de gobierno local se enfrenta a una fuerte presión social que trata de condicionar el rumbo por donde debe transitar la acción de gobierno, es indispensable que los ayuntamientos tengan una dirección que enfoque hacia una imagen objetivo de desarrollo que sea deseable y posible de alcanzar. Precisamente cuando se habla de alcanzar futuro deseable[20] resultado de un esfuerzo planificado, es cuando se advierte la necesidad de contar con trabajos de investigación científica que documenten, en principio, sobre la realidad de la cual se va a partir para construir el escenario de desarrollo y bienestar de la población, que sea deseable y socialmente compartido. Sobre la base de estas consideraciones, es que se plantea la necesidad de contar con un guion metodológico que sirva de apoyo para elaborar los planes municipales de desarrollo en el estado de Veracruz; en principio, es aprovechar la oportunidad que se tiene cada período administrativo,

---

[20] No un futuro inercial: resultado de patologías socioeconómicas y políticas del pasado.

para generar una gran base de información municipal, que permita planear el desarrollo regional del estado desde la célula municipal.

Al momento, los planes municipales en su mayoría carecen de un diagnóstico científico que permita definir objetivos y metas que rompan con la inercia del rezago y la pobreza en la entidad; de hecho, muchos de estos planes no cumplen con el rigor metodológico de la planeación.

Es por ello que, con una propuesta clara, se cuenta con un guion científicamente aceptable para la elaboración de los nuevos *Planes Municipales de Desarrollo* de los 212 municipios de la entidad, tratando de homogeneizar las variables aplicadas en todo su contenido, pero sobre todo en el diagnóstico, de tal forma que facilite la construcción de indicadores municipales y micro-regionales, que sustenten el desarrollo del estado, así como las inversiones públicas y privadas.

La Planeación Municipal en Veracruz

¿El Ayuntamiento es un órgano de administración o es un órgano de gobierno?

Uno de los graves problemas que enfrentan actualmente un gran número de ayuntamientos en el estado de Veracruz, tiene que ver con el hecho de que se asumen como entidad administrativa y no de gobierno, en razón de que tradicionalmente el cabildo y la estructura administrativa de los ayuntamientos tenían como tarea llevar a cabo acciones propias de una instancia administrativa, principalmente por 3 razones:

a) El presupuesto anual que recibían los ayuntamientos no era suficiente para afrontar la atención de las contradicciones propias del desarrollo; incluso no estaba pensado así, debido a que el Pacto Federal daba atribuciones al gobierno federal para promover el desarrollo en todo el territorio nacional.

b) En tanto la planeación estaba centralizada a nivel federal y el impulso del desarrollo a nivel nacional se llevaba a cabo en un orden descendente, desde la perspectiva nacional, siguiendo con una óptica regional, estatal y finalmente municipal, en consecuencia, existía a nivel federal la Secretaría de Programación y Presupuesto (SPP), que se encargaba de orientar las inversiones públicas y la promoción del desarrollo precisamente bajo ese precepto descendente.

c) No estaba normado en la Constitución General de la República, en particular en el Artículo 115, que fuera el ayuntamiento el responsable de promover el desarrollo del municipio.

Precisamente las reformas al artículo 115 Constitucional realizadas durante la década de los años noventa y, en particular la de diciembre de 1999, es la que actualmente obliga a los ayuntamientos a superar las contradicciones del desarrollo y velar por elevar las condiciones de vida de la población; de hecho, luego de la desaparición de la Secretaría de Programación y Presupuesto (SPP) a nivel federal, y bajo el discurso del fortalecimiento de la autonomía municipal, la responsabilidad directa de lograr el desarrollo en el ámbito municipal le corresponde a los ayuntamientos.

Al respecto es importante señalar que la Constitución de 1917, antes de la reforma de 1999, en su artículo 115 estipulaba lo siguiente:

> *Cada municipio será administrado por un ayuntamiento de elección popular directa y no habrá ninguna autoridad intermedia entre éste y el Gobierno del Estado.*

A partir de la reforma del 23 de diciembre de 1999, el artículo 115 quedo de la siguiente manera:

> *Cada Municipio será gobernado por un Ayuntamiento de elección popular directa, integrado por un Presidente Municipal y el número de regidores y síndicos que la ley*

determine. La competencia que esta Constitución otorga al gobierno municipal se ejercerá por el Ayuntamiento de manera exclusiva y no habrá autoridad intermedia alguna entre éste y el gobierno del Estado.

De esta forma, el quehacer de los ayuntamientos trasciende la responsabilidad de administrar los recursos del municipio y se ubica en el contexto del desarrollo y, por tanto, la entidad responsable de esto es una estructura de gobierno. Precisamente esta nueva connotación que asume el ayuntamiento en el marco del Pacto Federal, es lo que obliga a redimensionar el quehacer de los ayuntamientos y los mecanismos formas a través de las cuales habrá de asumir su responsabilidad de promover el desarrollo.

Justamente este aspecto del desarrollo es lo que obliga, en principio, hablar de desarrollo; y, en segundo término y de forma central profundizar en lo que se ha llamado planeación municipal del desarrollo; esto implica necesariamente una nueva forma de impulsar el desarrollo desde el municipio hacia el país; es decir, de abajo hacia arriba, lo que conlleva a concebir otros contextos de planeación para el desarrollo: intermunicipal y, en su caso, regional.

Sin el ánimo de profundizar en una discusión sobre el desarrollo, en tanto no es objeto de este trabajo, es necesario señalar que el termino *desarrollo* no ha sido definido en forma exacta; si bien es cierto que trasciende la noción que se tenía hasta la década de los setenta, de estar relacionado con indicadores macroeconómicos y ahora pone en el centro de la discusión al individuo, aún no existe consenso pleno; sin embargo, como cita el Dr. Mario Carrillo Huerta (2002 p.10):

[...] la idea central que predomina en los intentos de definirlo podría expresarse si se le considera como un proceso mediante y durante el cual se mejora la calidad de vida de la sociedad; es decir, como un mejoramiento en el bienestar social.

Algunos académicos coinciden con la idea de que hablar de desarrollo tiene que ver con un proceso a través del cual se satisfacen las necesidades básicas de una sociedad en particular y que conlleva una dinámica de elevar su calidad de vida y bienestar de la población.

Al respecto, el cuestionamiento central es la conceptualización de necesidades básicas, en tanto se plantea como una cuestión ambigua por diferentes críticos de las ciencias sociales; no obstante, tiene que ver más con una definición de necesidades básicas a partir de condicionantes espacios temporales, que conlleva a perspectivas diferenciadas, pero que pueden ser precisadas con base en trabajos de investigación previos para una sociedad en particular.

De esta forma, se tiene que dadas las reformas al artículo 115 Constitucional de la década de los años noventa, el Cabildo trasciende su responsabilidad de administrar los recursos del ayuntamiento y ahora asume la responsabilidad de gobernar el municipio, lo cual implica promover el desarrollo y con ello garantizar el bienestar de la población.

En cualquiera de las vertientes a través de las cuales se concibe el desarrollo, queda claro que el ayuntamiento es responsable de poner en marcha un proceso mediante y durante el cual se mejore la calidad de vida de la población, sea a través de una noción de indicadores internacionales de bienestar y/o de forma más precisa, a través de un proceso de satisfacción de necesidades básicas de una sociedad en particular, referida a una región en específico, en un periodo de tiempo determinado; en este último caso, los indicadores deben ser de orden regional, bajo una perspectiva de tipo comparativa, con atención al perfil municipal, sea de corte urbano, urbano-rural o rural.[21]

Entonces se tiene, por una parte, las cuestiones que dan orden y cimientos a la administración municipal y que tienen que ver con la

---

[21] La metodología debe ser muy precisa y corresponder con el contexto socioeconómico, cultural, ambiental y político. En otras palabras, no es adecuado diagnosticar la realidad de un municipio rural, a partir de una metodología que comprende un gran número de variables de orden metropolitano.

estructura legal, desde la clara diferenciación[22] del órgano de gobierno y de la estructura administrativa municipal, hasta la emisión de los bandos de gobierno, los reglamentos internos y, de manera operativa, los manuales de organización.

Por otra parte, las cuestiones que tienen que ver con el desarrollo constituyen un factor que dé inicio es relevante, tiene que ver con el conocimiento de la realidad sobre la que se va a gobernar: no es conveniente gobernar con ocurrencias o percepciones erróneas de la realidad, construidas a partir de un conocimiento sesgado de tan solo experiencias personales; debe haber rigor científico.

De esta forma se puede señalar que la promoción del desarrollo inicia con un trabajo de diagnóstico sobre la realidad objeto de decisiones. Las preguntas que surgen de manera inmediata son: ¿Cómo se debe realizar un diagnóstico municipal? ¿Cómo garantizar un conocimiento adecuado y suficiente de la realidad que se va a gobernar? Evidentemente la respuesta apunta hacia la aplicación del método científico y el rigor académico. Ciertamente, el cuestionamiento también tiene que ver con la perspectiva desde la cual se va a abordar el estudio de la realidad o la realización del diagnóstico: en todo caso es recomendable que este sea un trabajo holístico.

Regiones Metropolitanas y las unidades de planeación

Planeación territorial [23]

Los problemas ambientales, la desigualdad y la pobreza, la segmentación de los mercados de trabajo, el impacto de la migración y, sobre todo, el desordenado crecimiento de las ciudades ha mostrado

---

[22]   La estructura de gobierno local (cabildo) es muy diferente de la estructura ejecutiva (la estructura administrativa que depende del alcalde), sobre el particular es conveniente ser claro para evitar conflictos entre regidores y alcalde.

[23]   Capitulo elaborado a partir de la información contenida en Vela-Martínez (2020).

la necesidad de replantear el modelo de desarrollo municipal hacia un modelo que contemple una visión regionalista.

En este sentido, el estado de Veracruz constituye una entidad donde las ciudades medias han prosperado hasta configurar constelaciones regionales que es preciso potenciar, sin embargo, para lograrlo, es necesario cambiar las relaciones entre los habitantes del campo y de la ciudad, poniendo atención a los bienes y servicios ambientales que los primeros brindan a los segundos.

De acuerdo con Vela-Martínez (2020), aproximarse a este enfoque de economía regional requiere necesariamente de incrustar el espacio geográfico o territorio como una variable indispensable del análisis, al atender tres aspectos fundamentales:

a) La forma cómo se expresan los procesos económicos en el territorio y cuáles estructuras definen con mayor o menor complejidad y condicionan el crecimiento económico o marginación de una región en específico;

b) Las decisiones que toman los empresarios para localizar sus unidades de producción, y los consumidores para desplazarse hacia uno u otro centro de abasto; en este contexto también se ubica la localización de las viviendas, el proceso de desarrollo de los mercados urbanos y de las ciudades en general; y

c) La incidencia en el desarrollo de las regiones, lo cual tiene que ver con desarrollo humano, pobreza, capital social, cultura, religión, seguridad, actores y procesos políticos y sociales, con la eficiencia de las instituciones y con los gobiernos locales, con el inventario que tienen las regiones en cuanto a recursos naturales, con la dotación de infraestructura y con una perspectiva de sustentabilidad.

Al respecto, hoy la ciencia económica considera a *el espacio* como la base que configuró a la ciencia regional y dio sustento al desarrollo regional, dando como resultado a la *teoría de la localización*, la cual está asociada a:

a) La localización de las empresas o unidades económicas, las cuales buscan la obtención de los mayores beneficios económicos, y

b) Los aspectos vinculados a los consumidores, quienes desplazan al mercado para adquirir bienes y servicios que satisfagan sus necesidades, de tal forma que los consumidores encontrarán beneficios diferenciados al acudir a un determinado mercado y no a otro.

Hablar de la localización de las empresas o unidades productivas no es de forma azarosa, por el contrario, responde a principios de racionalidad económica donde los productores pretenden alcanzar las mayores ganancias, por lo cual se ubican cerca de los mercados para que el costo de traslado de sus mercancías resulte lo menor posible y se exprese en precios asequibles a los clientes. En cambio, el consumidor intenta satisfacer sus necesidades al comportarse racionalmente, por lo cual busca reducir sus costos de traslado al mercado, manteniendo –dependiendo del tipo de bien o bienes que pretenda consumir– su umbral de consumo respecto a los productores domésticos establecidos.

Este hecho, explicado por la *Teoría del Lugar Central (TLC)* precisamente aclara que el crecimiento de una ciudad o área urbana está determinado por sus funciones de servicio urbano como lo son el abastecimiento de bienes al menudeo, servicios bancarios y financieros en pequeña escala; así como profesionales tales como la educación, la salud, aspectos culturales y de entretenimiento a las localidades o municipios periféricos de una región en particular.

Es decir, estos espacios se convierten en centros de asistencia para la región periférica y suministrar bienes y servicios centrales, como ventas al menudeo y mayoreo. Al establecer una clasificación de bienes y servicios inferiores y superiores es posible hacer un arreglo jerárquico que muestre las relaciones económicas entre ciudades, lo que definió a lo que hoy se conoce como *Sistema de Ciudades*.

Un ejemplo de este enfoque urbano bajo el concepto de sistema de ciudades es el que en 2004 la Secretaría de Desarrollo Social (SEDESOL), el Consejo Nacional de Población (CONAPO) y el Instituto Nacional de Estadística y Geografía (INEGI) definieron como Zona Metropolitana (ZM):

> *"Conjunto de dos o más municipios donde se localiza una ciudad de 50 000 o más habitantes, cuya área urbana, funciones y actividades rebasan el límite del municipio que originalmente la contenía, incorporando como parte de sí misma o de su área de influencia directa a municipios vecinos, predominantemente urbanos, con los que mantiene un alto grado de integración socioeconómica; en esta definición se incluye además a aquellos municipios que por sus características particulares son relevantes para la planeación y política urbanas. Adicionalmente, se definen como zonas metropolitanas todos aquellos municipios que contienen una ciudad de un millón o más habitantes, así como aquellos con ciudades de 250 000 o más habitantes que comparten procesos de conurbación con ciudades de Estados Unidos de América"*

Al respecto, el estado de Veracruz es la única entidad de la República Mexicana que tiene ocho ZM identificadas a partir de sus centros nodales: Veracruz, Xalapa, Poza Rica, Orizaba, Minatitlán, Coatzacoalcos, Córdoba y Acayucan (Figura 18) y que en su conjunto concentran 49 municipios.

Figura 18.- Zonas metropolitanas del estado de Veracruz y sus municipios.

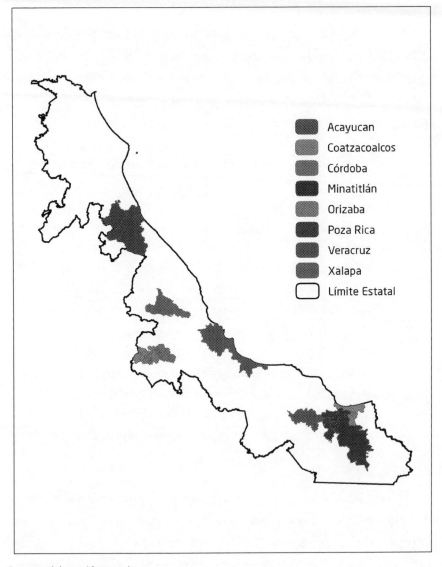

Fuente: elaboración propia.

No obstante, esta gran ventaja urbana no se ha capitalizado como motor de la economía estatal ni como fuente estratégica de captación de recursos del orden federal, asociado a la falta de un programa de desarrollo urbano que aproveche estas ventajas comparativas y sirva de cimiento para elaborar una estrategia de desarrollo polarizado, orientado a combatir la pobreza y la marginación.

La ausencia de una política de ordenamiento territorial para estas áreas urbanas ha propiciado una anarquía en su densificación poblacional, en el crecimiento de la mancha urbana y el apilamiento de múltiples actividades de diverso impacto urbano en los centros económicos de las ciudades, así como en núcleos de principal dinámica comercial. Todos estos fenómenos, en su conjunto, tienden a incidir en altos costos de las economías familiares y de las empresas, ya que enfrentan el congestionamiento urbano, detrimento de la movilidad de los factores de la producción y del comercio, ineficiencia y altos costos en el transporte público; deseconomías familiares, pérdida en la velocidad del desplazamiento de la población de áreas habitacionales y residenciales, deficiencias en general de los mercados de trabajo, de capital, de suelo urbano y de la sustentabilidad.

El resultado de lo anterior ha traído graves contradicciones económicas, sociales, ambientales y de infraestructura registradas en las zonas metropolitanas de Veracruz, lo que muestra un proceso acelerado de crecimiento que es urgente atender.

Bajo esta premisa, se requiere iniciar un proceso de desarrollo metropolitano inducido –en el marco del desarrollo urbano-regional en el estado–, de tal forma que se obtenga el mayor provecho en términos de consolidación de las economías regionales y el aseguramiento de canales de difusión del crecimiento económico hacia los entornos periféricos de menor desarrollo. Esta situación representa nuevos retos en materia legal y de coordinación municipal, dado que no existe ningún nivel de gobierno planteado en la Ley para un territorio con distintas características físicas, económicas y sociales, donde están involucrados varios municipios. Una posible respuesta y solución ante este escenario es la creación de las Regiones Metropolitanas del estado de Veracruz.

Regiones Metropolitanas del Estado de Veracruz

Crear las Regiones Metropolitanas (RM) con el propósito de darle un perfil de sustentabilidad a la definición de espacio geográfico, requiere incluso de la alineación de las políticas públicas que deriven de ello. Al respecto una RM se define como:

> *El espacio geográfico donde existan demarcaciones político-administrativas rurales-urbanas interconectadas de forma dinámica por aspectos socioeconómicos, ambientales, culturales e históricos. Espacios donde la intervención del hombre ha condicionado el surgimiento de un nodo urbano metropolitano sostenido a partir de su integración funcional con su entorno rural, en una relación simbiótica, en la cual el nodo urbano ofrece a los habitantes de la región los beneficios de las economías de escala, el desarrollo tecnológico y el abasto de los bienes y servicios que mejoran el nivel de vida. Mientras el entorno rural provee de alimentos a toda la demarcación regional, garantiza una zona de amortiguación ambiental, donde el agua, la masa forestal y el oxígeno juegan un papel relevante en una perspectiva de sustentabilidad"* (Vela, 2020).

Como se observa en la definición, la RM es un paso superior a la composición de una ZM, ya que la RM está íntimamente ligada a la necesidad de lograr un desarrollo sustentable de las grandes metrópolis. Es desde este punto de vista de la planeación regional, que se plantean nueve RM (Figura 19):

1. Región Metropolitana Huasteca (Tuxpan, principal municipio) (Figura 20).
2. Región Metropolitana Totonaca (Poza Rica, principal municipio) (Figura 21).
3. Región Metropolitana del Café (Xalapa, principal municipio) (Figura 22).

4. Región Metropolitana de las Llanuras (Córdoba, principal municipio) (Figura 23).

5. Región Metropolitana de las Altas Montañas (Orizaba, principal, municipio) (Figura 24).

6. Región Metropolitana del Puerto (Veracruz, principal, municipio) (Figura 25).

7. Región Metropolitana del Istmo (Acayucan, principal municipio) (Figura 26).

8. Región Metropolitana Olmeca (Minatitlán, principal municipio) (Figura 27).

9. Región Metropolitana de Puerto México (Coatzacoalcos, principal municipio) (Figura 28).

Figura 19.- Regiones metropolitanas del estado de Veracruz.

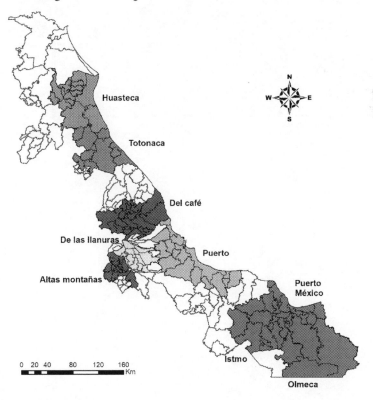

Fuente: Vela-Martínez (2020).

Figura 20.- Región Metropolitana Huasteca.

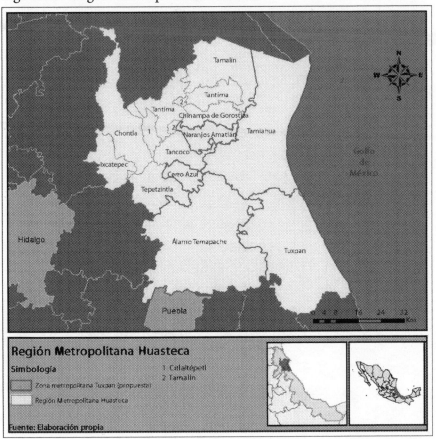

Fuente: Vela-Martínez (2020).

Figura 21.- Región Metropolitana Totonaca.

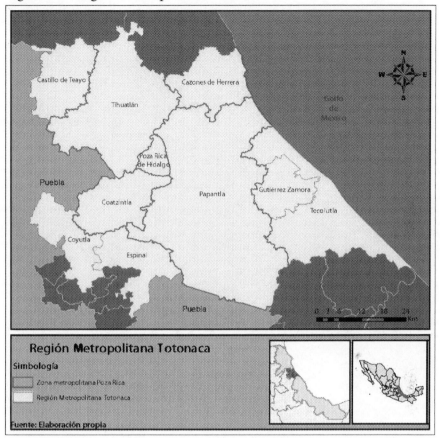

Fuente: Vela-Martínez (2020).

Figura 22.- Región Metropolitana del Café.

Fuente: Vela-Martínez (2020).

Figura 23.- Región Metropolitana de las Llanuras.

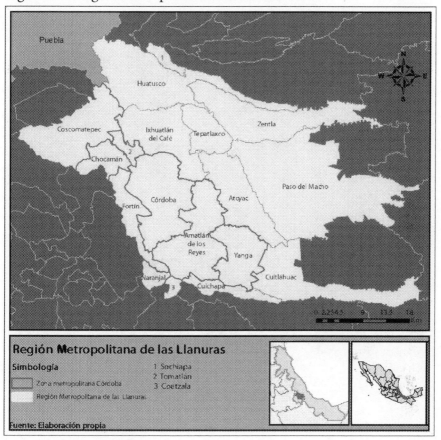

Fuente: Vela-Martínez (2020).

Figura 24.- Región Metropolitana de las Altas Montañas.

Fuente: Vela-Martínez (2020).

Figura 25.- Región Metropolitana del Puerto.

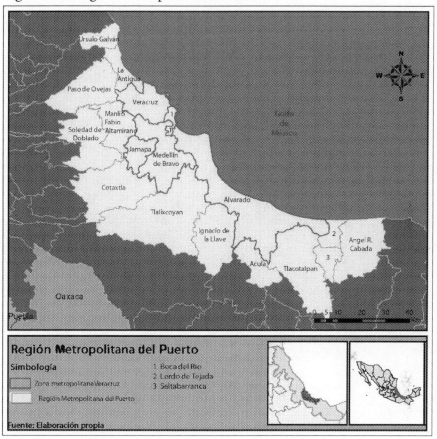

Fuente: Vela-Martínez (2020).

Figura 26.- Región Metropolitana del Istmo.

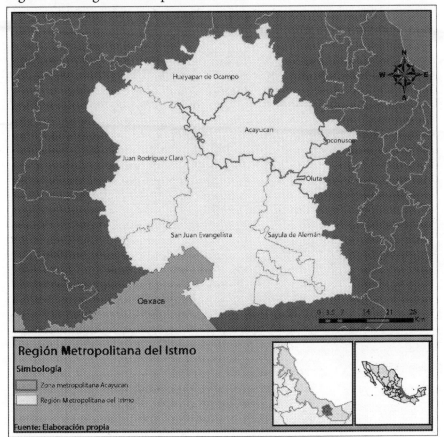

Fuente: Vela-Martínez (2020).

Figura 27.- Región Metropolitana Olmeca.

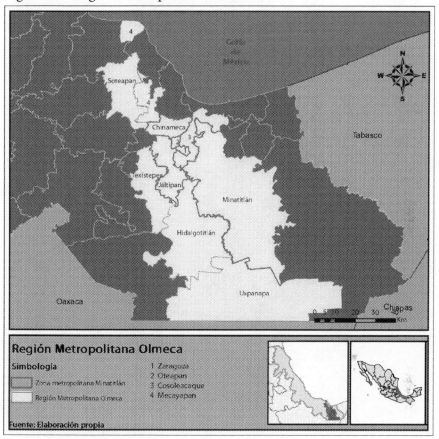

Fuente: Vela-Martínez (2020).

Figura 28.- Región Metropolitana Puerto México.

Fuente: Vela-Martínez (2020).

Esta nueva regionalización, a diferencia de otras regionalizaciones, impulsa procesos y responde a la dinámica entre los municipios metropolitanos y su entorno inmediato. Esta nueva integración funcional obedece en gran medida a que:

a) Existe una desintegración urbano-rural en el estado de Veracruz. Los municipios de perfil urbano se complementan inercialmente unos de otros sin que medie una planeación que aproveche la especialización de su planta productiva o vocación como centros de abasto regional.

b) La relación de los municipios urbanos con los rurales o en transición se registra únicamente por cercanía, por costos de transporte o por existencia de algún equipamiento urbano casual como escuelas, bancos, hospitales, mercados, entre otros.

c) No existe una planeación rural que considere, la centralidad urbana y el umbral de la demanda que pueda ser provista por los municipios rurales periféricos, de tal suerte que se pierde la oportunidad de generar mayor crecimiento económico en las áreas urbanas y al mismo tiempo se generan condiciones de marginalidad rural.

d) La gran riqueza concentrada en las ciudades y en las zonas metropolitanas de Veracruz no llega a los municipios de perfil rural y de alto componente indígena. Tal situación agudiza los enclaves de pobreza configurados en una red de nodos de marginación con tendencia a condicionar de forma negativa el desarrollo del estado.

e) La desintegración urbano-rural evita que la demanda por consumo doméstico de productos agropecuarios de las grandes ciudades y zonas metropolitanas de Veracruz sea satisfecha, esto desalienta el desarrollo del sector agropecuario; por el contrario, favorece la salida de recursos financieros, dejando sin liquidez a los microsistemas económicos del estado, con lo cual se limita el cierre de los ciclos de negocios y, por ende, la decadencia de la micro y pequeña empresa.

f) La oferta dineraria que cada quince días "cae" en los bolsillos de los trabajadores sale de los municipios y microsistemas antes de haber permitido cerrar ciclos de negocios de los comerciantes o productores locales y microempresarios, situación que impide el crecimiento económico y la generación de empleos.

g) Las ZM del estado de Veracruz no están registrando un ritmo de crecimiento económico adecuado debido a la fuga de recursos económicos y financieros de su microsistema, dirigidos a las arcas de los grandes almacenes y centros comerciales con matriz fuera del estado.

h) Esta fuga de recursos restringe la centralidad esperada en determinado lapso de tiempo y favorece la aparición de tasas de crecimiento económico de menor magnitud.

i) Existe una desconexión de la oferta productiva agropecuaria de orden regional (o periférica a las ZM) y la demanda por consumo doméstico de productos agropecuarios de los habitantes de estas áreas urbanas, lo cual afecta a los productores agropecuarios del entorno regional, quienes sienten desincentivada esta actividad y los obliga a migrar hacia las ciudades en busca de empleo.

Sobre la base de estas consideraciones se plantea entonces la necesidad urgente de conciliar ambas realidades –la urbana y la rural–, con especial énfasis en la reestructuración de las actividades productivas primarias, pues estas constituyen la esencia histórica, económica y social de la entidad; incluso, porque la reactivación del campo incide en la disminución del precio de los alimentos en el entorno regional-urbano y en el abatimiento de los costos de transportación. No es dejar de lado el impulso de las economías del conocimiento o el fortalecimiento industrial de la entidad, se trata de una estrategia para articular el desarrollo del campo veracruzano con el aprovechamiento de las economías urbanas y la importancia de su mercado interno que, al momento, está siendo aprovechada por productores y comerciantes de otras entidades del país.

Estrategia del modelo para el desarrollo económico

Aprovechar la concentración poblacional, el mercado interno de las zonas metropolitanas y la tradicional organización social para la producción en el estado de Veracruz, a fin de detonar el crecimiento económico y crear fuentes de empleo en áreas urbanas y rurales, se proponen mediante el modelo de Región Metropolitana, las siguientes estrategias.

a)   Integración urbano-rural: red de circuitos regionales.

Uno de los puntos centrales del desarrollo económico regional es el logro de una mayor integración entre las zonas urbanas y las de características rurales. Si no existe una integración primaria entre las ciudades medias y las zonas metropolitanas con estas ciudades intermedias, o sin una integración funcional entre estas y las de perfil rural, la riqueza queda concentrada en las áreas más urbanizadas y no existe difusión de la misma hacia las áreas más marginadas y pobres de la entidad; es decir, no se cumple la tendencia de distribución asintótica de la riqueza.

El propósito es tener una vinculación más profunda entre las zonas metropolitanas y sus municipios periféricos. En este sentido, la propuesta es que los municipios metropolitanos oferten bienes y servicios más complejos y de mayor tecnología dada su vinculación con el entorno global; abastecimiento de bienes al mayoreo y menudeo; servicios bancarios y financieros;

servicios profesionales tales como la educación, la salud, aspectos culturales y de entretenimiento; en general, funciones y servicios especializados. En cambio, desde una perspectiva de base exportadora, los municipios en zonas aledañas de características más rurales serán los que provean una serie de bienes de consumo primario (alimentos) en un primer momento.

b) Focalización territorial del objetivo (Región Metropolitana).

Con la perspectiva de RM y de integración territorial se busca detener la migración del campo, otorgar una mejor calidad de vida a los agricultores; y con una clara idea de combate a la pobreza de las poblaciones rurales, a través de replantear el funcionamiento económico y social de las ciudades, una transformación profunda del territorio y de la organización del sistema de alimentación.

Esta estrategia está orientada a focalizar los esfuerzos del gobierno en zonas específicas del estado, y así detonar el crecimiento económico y difundirlo por todo el territorio con base en una idea clara de lo que representan las grandes áreas urbanas de una entidad federativa como de un país, las zonas metropolitanas.

La propuesta de RM busca ir más allá del término zona metropolitana, el cual se encuentra más vinculado a factores demográficos, expansión de la mancha urbana, ciudades o nodos centrales, distancia y ciertos componentes económicos (la movilidad y localización de la mano de obra), elementos que subyacen en los procesos de urbanización. Es necesario ir más allá de la "plancha urbana" que significa la ZM, al término de región metropolitana, un concepto más integrador y complejo con la intención de envolver los diversos procesos y consecuencias del crecimiento urbano; así como vincular este crecimiento a las zonas periféricas, preponderantemente rurales, bajo una perspectiva de sustentabilidad ambiental y sostenibilidad económica (Figura 29).

Figura 29.- Evolución a mediano y largo plazo de las Regiones Metropolitanas del estado de Veracruz.

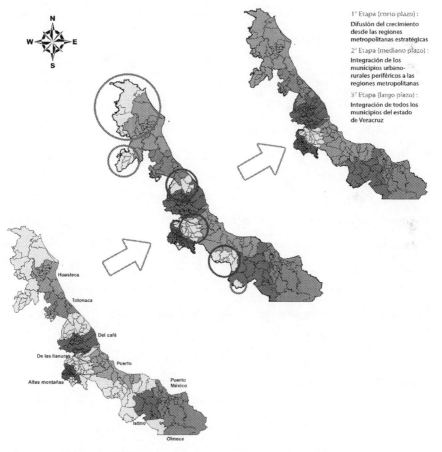

Fuente: Vela-Martínez (2020).

Se pretende finalmente, que el concepto de Región Metropolitana escale a términos de Ley, dónde se especifique su significado, sus implicaciones legales y administrativas, así como la metodología para su conformación y su validación. La idea es que permita la coordinación, la colaboración y la definición de proyectos conjuntos entre los distintos municipios que integran la RM estrechamente ligados a la dinámica poblacional, su historia, su cohesión cultural y social; la integración intermunicipal, la dinámica económica advertida en sus microsistemas, así como la movilidad de las personas y las familias. Asimismo, que sirva como unidad de planeación regional para el desarrollo económico, en primera instancia para el sector agropecuario, y que tenga una visión sostenible del desarrollo.

Se trata de una regionalización dinámica e impulsora de procesos, considerada la base de una estrategia de desarrollo y de crecimiento económico a corto, a mediano y a largo plazo. Una regionalización que apunta capitalizar la ventaja comparativa de la entidad veracruzana en términos de su configuración oblonga y la localización estratégica de sus activos urbanos particulares.

Sobre este último punto es que los procesos actuales de planeación del desarrollo regional deben contener una visión de futuro que conciba la sostenibilidad de los recursos naturales a largo plazo; el uso inteligente y racional del territorio juega un papel muy importante en su desarrollo, más en estos momentos donde una de las características del proceso de globalización mundial es la apropiación privada de los recursos naturales para su extracción.

El propósito es que, a través de las RM, finalmente se impulse el crecimiento económico en las diferentes regiones de la entidad y, desde estos entornos regionales, conducir al estado hacia el desarrollo. Se trata desde una perspectiva regional: a) generar oportunidades para producir desarrollo inclusivo en los municipios con componente rural ubicados cerca de una ZM, y b) satisfacer la urgente necesidad de garantizar la seguridad alimentaria frente a los crecientes índices de pobreza alimentaria.

El reto de la planeación para el desarrollo impulsada por los ayuntamientos desde el ámbito municipal es reciente, de hecho, deriva tal responsabilidad de la Reforma al artículo 115 Constitucional de diciembre de 1999, la cual se puso en vigencia operativa a partir del año 2000.

En el caso del estado de Veracruz, han pasado seis administraciones municipales bajo esta responsabilidad, la primera del 2001 al 2004; la segunda del 2005 al 2007, la tercera de 2007 al 2010, una cuarta 2010 al 2013; una quinta de 2014 a 2017; y una más que está por concluir 2018 a 2021, a punto de empezar una séptima administración que contempla cuatro años 2022 – 2026.

Es evidente que la historia de la planeación para el desarrollo impulsada desde los ayuntamientos en el caso de Veracruz es muy joven tanto como lo es a nivel nacional. En la entidad veracruzana no hubo avances significativos en este sentido; en 2008 se creó el Instituto para el Desarrollo Municipal en Veracruz (INVEDEM) y sus retos se advierte son de alta responsabilidad, principalmente en el marco de esta pandemia ocasionada por el COVID-19 y las afectaciones en materia de bienestar y desarrollo en Veracruz.

La mayoría de las administraciones locales, luego del año 2000, no han sido capacitadas para afrontar la responsabilidad de impulsar el desarrollo de sus municipios; incluso, el Órgano de Fiscalización Superior (ORFIS), con todo y sus aciertos, no ha trascendido su responsabilidad de auditar -desde la perspectiva de la ingeniería, la administración y las finanzas- las obras que llevan a cabo los ayuntamientos, hacia la evaluación del beneficio social e impulso del desarrollo que se logra con las acciones de gobierno.

Afortunadamente, con la Nueva Ley número 12 de Planeación del Estado de Veracruz publicada en la Gaceta Oficial # 520 extraordinaria de fecha 28 de diciembre de 2018, hoy la elaboración de los Planes Municipales de Desarrollo parten de un sustento metodológico que orienta las estrategias del gobierno local hacia condiciones de desarrollo deseables y posibles de alcanzar, donde se trasluce un conocimiento suficiente de la realidad y da claridad en la definición de acciones a través de las cuales se habrá de garantizar el cumplimiento de los objetivos y las metas definidas en dicho documento.

Esto es importante desde el punto de vista de la planeación y del cumplimiento y mandato la Ley, pues hasta esta último periodo de las administraciones municipales, hay casos en donde se sigue considerando la elaboración del plan como el final de un ejercicio y no como el inicio de una dinámica de planeación, que sea el hilo conductor a través del cual se determinen las políticas públicas y las acciones de gobierno, y se asegure el desarrollo del municipio y su integración regional.

Actualmente la administración del gobierno del estado de Veracruz enfrenta graves retos, resultado de malas administraciones de gobiernos que le precedieron. La entidad Veracruzana enfrenta una crisis generalizada que incide en el ámbito económico, social, político, ambiental, de infraestructura y equipamiento urbano, así como en vías de comunicación, que es difícil resolver en el corto plazo, principalmente porque también se enfrenta una crisis financiera por parte de la administración estatal exacerbada por con la pandemia causada por el COVID-19, sumado al endeudamiento de las finanzas públicas que supera los 48 mil millones de pesos, limita la posibilidad del gasto público en materia de inversión debido a los altos costo de la deuda.

Es precisamente en este contexto que resurge la importancia de la planeación desde el ámbito municipal hacia lo regional a través de los nuevos PMD como el mecanismo a través del cual se puede impulsar la recuperación de la económica veracruzana, la solventación de la crisis social y la edificación de nuevas formas de gobierno, cuyas acciones estén orientadas a sentar las bases del desarrollo y el progreso desde el ámbito local, al menos siendo diferentes de lo que se hacía desde hace 50 años atrás.

Nos encontramos en un punto de inflexión en medio de una coyuntura, donde, y a pesar de que existe evidencia suficiente y las bases teóricas y metodológicas de la planeación municipal, se corre el riesgo de caer en escenarios catastróficos. En tal situación es necesario que los Ayuntamientos se dirijan, por el contrario, hacia escenarios más prósperos (Figura 30).

Figura 31.- Escenarios posibles de la administración municipal.

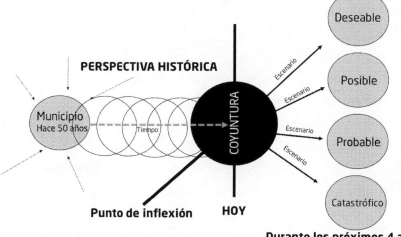

Fuente: elaboración propia.

Evidentemente no es una situación igual a la que vivieron los países europeos al término de la segunda guerra mundial, pero si es equiparable la urgencia de contar con un instrumento tan poderoso como es el PMD en la planeación, para poder superar esta crisis generalizada que enfrenta la entidad veracruzana y nos lleve hacia escenarios deseables, y que priva de oportunidades de desarrollo a la población en general, como a las generaciones venideras.

Hoy en día, como nunca en su historia, recae en los municipios la gran responsabilidad de promover el desarrollo de todo el Estado; por ello es que no se debe perder de vista el gran potencial que se tiene en las 8 Zonas Metropolitanas (ZM) que comprende el estado de Veracruz (Poza Rica, Xalapa, Veracruz-Boca del Rio, Orizaba, Córdoba, Acayucan, Minatitlán y Coatzacoalcos).

El hecho de que Veracruz tenga este gran activo urbano es una gran ventaja comparativa frente a otras entidades del país, pues es en las ZM donde se concentran la gran riqueza de un estado como de un país, y es justamente desde donde se piensan las estrategias orientadas a lograr crecimiento económico con una perspectiva regional.

Es de señalarse que en estas ZM de Veracruz se genera más del 80% de la riqueza anual (PIBE), al tiempo que es donde están concentrados el gran potencial de los consumidores con mayores ingresos y que llegan a configurar un mercado interno, tan solo por sueldos y salarios, de más de 10 mil millones de pesos mensuales. Es por ello que, si bien Veracruz enfrenta una severa crisis generalizada, también sería un gran error no aprovechar su gran potencial urbanístico y su importante mercado interno.

Sobre la base de estas consideraciones se plantea la necesidad urgente de que las nuevas administraciones municipales, en particular los presidentes municipales, se eleven por encima de la micro lucha política de los grupos de poder y partidos políticos, y se planten objetivos de alto nivel, muy acorde con su investidura de presidentes municipales, en un momento de urgencia nacional y estatal.

Es muy importante que las nuevas autoridades municipales estén a la altura de las circunstancias, se capaciten en materia de planeación para el desarrollo y tiendan puentes políticos e institucionales para impulsar proyectos integradores a nivel intermunicipal y micro regional.

Hoy como nunca Veracruz requiere de una clase gobernante municipal, que rompa con los esquemas tradicionales de gobernar para los "cuates", y que realmente asuma el compromiso social que los llevó, a través del voto ciudadano, a estar al frente de los destinos de su municipio: no se requiere de nada más, pero tampoco de nada menos.

APARTADO IV

Marco Legal de la Planeación Municipal

Constitución política de los Estados Unidos Mexicanos[24]

La Carta Magna prevé la necesidad de la planeación para el desarrollo nacional. En este sentido, en su artículo 25 establece:

> *Corresponde al Estado la rectoría del desarrollo nacional para garantizar que éste sea integral y sustentable, que fortalezca la Soberanía de la Nación y su régimen democrático y que mediante la competitividad, el fomento del crecimiento económico y el empleo y una más justa distribución del ingreso y la riqueza, permita el pleno ejercicio de la libertad y la dignidad de los individuos, grupos y clases sociales, cuya seguridad protege esta Constitución. La competitividad se entenderá como el conjunto de condiciones necesarias para generar un mayor crecimiento económico, promoviendo la inversión y la generación de empleo.* (DOF, 2021 P.27-28)[25].

En este orden, en su artículo 26 inciso A párrafo primero, segundo, tercero y cuarto se determina cuáles deben ser las características de la planeación y de la programación del desarrollo (DOF, 2021 P.29):

---

[24] El marco de leyes y reglamentos federales fue revisado a partir de la biblioteca electrónica de la Cámara de Diputados del H. Congreso de la Unión disponible en línea en: http://www.diputados.gob.mx/LeyesBiblio/index.htm

[25] Párrafo reformado DOF 28-06-1999, 05-06-2013.

Los fines del proyecto nacional contenidos en esta Constitución determinarán los objetivos de la planeación. La planeación será democrática y deliberativa. Mediante los mecanismos de participación que establezca la ley, recogerá las aspiraciones y demandas de la sociedad para incorporarlas al plan y los programas de desarrollo. Habrá un plan nacional de desarrollo al que se sujetarán obligatoriamente los programas de la Administración Pública Federal.[26]

el sistema de planeación democrática y deliberativa, el Congreso de la Unión tendrá la intervención que señale la ley.[27]

Lo anterior deja en claro que todas las acciones que se lleven a cabo en los PMD deben ser congruentes con lo establecido en el artículo 27, sobre todo en lo referente al derecho del Estado sobre el uso del suelo y los recursos naturales:

La nación tendrá en todo tiempo el derecho de imponer a la propiedad privada las modalidades que dicte el interés público, así como el de regular, en beneficio social, el aprovechamiento de los elementos naturales susceptibles de apropiación, con objeto de hacer una distribución equitativa de la riqueza pública, cuidar de su conservación, lograr el desarrollo equilibrado del país y el mejoramiento de las condiciones de vida de la población rural y urbana. (DOF, 2021 p.31)[28]

Otra de las consideraciones respecto a los PMD es que son instrumentos jurídico-administrativos, los cuales concierne al Congreso la facultad de otorgarles validez legal según consta lo dictado en el

---

[26]   Párrafo reformado DOF 10-02-2014.

[27]   Párrafo reformado DOF 10-02-2014.

[28]   Párrafo reformado DOF 06-02-1976, 10-08-1987, 06-01-1992.

artículo 73 constitucional inciso XXIX-C y XXIX-D, respectivamente
(DOF, 2021 p.74):

> *Para expedir las leyes que establezcan la concurrencia del Gobierno Federal, de las entidades federativas, de los Municipios y, en su caso, de las demarcaciones territoriales de la Ciudad de México, en el ámbito de sus respectivas competencias, en materia de asentamientos humanos, con objeto de cumplir los fines previstos en el párrafo tercero del artículo 27 de esta Constitución, así como en materia de movilidad y seguridad vial;[29] Para expedir leyes sobre planeación nacional del desarrollo económico y social, así como en materia de información estadística y geográfica de interés nacional.[30]*

Acerca de las competencias de los municipios en su papel de impulsores del desarrollo, en el artículo 115 constitucional se establece (DOF, 2021 p.116):

> *Los estados adoptarán, para su régimen interior, la forma de gobierno republicano, representativo, democrático, laico y popular, teniendo como base de su división territorial y de su organización política y administrativa, el municipio libre, [...][31] [...] La competencia que esta Constitución otorga al gobierno municipal se ejercerá por el Ayuntamiento de manera exclusiva y no habrá autoridad intermedia alguna entre éste y el gobierno del Estado.[32]*

---

[29] Fracción adicionada DOF 06-02-1976. Reformada DOF 29-01-2016, 18-12-2020.

[30] Fracción adicionada DOF 03-02-1983. Reformada DOF 07-04-2006.

[31] Párrafo reformado DOF 10-02-2014.

[32] Párrafo reformado DOF 23-12-1999, 06-06-2019.

Al mismo tiempo que se les otorga de distintas facultades, entre las que destaca aquellas relativas a la planificación territorial y a los PMD (inciso V párrafo a, b, c, d, e, f, g, h, i) *(DOF, 2021 p.119-120)*:

> *Los municipios estarán investidos de personalidad jurídica y manejarán su patrimonio conforme a la ley. Los ayuntamientos tendrán facultades para aprobar, de acuerdo con las leyes en materia municipal que deberán expedir las legislaturas de los Estados, los bandos de policía y gobierno, los reglamentos, circulares y disposiciones administrativas de observancia general dentro de sus respectivas jurisdicciones, que organicen la administración pública municipal, regulen las materias, procedimientos, funciones y servicios públicos de su competencia y aseguren la participación ciudadana y vecinal.*[33] *"Formular, aprobar y administrar la zonificación y planes de desarrollo urbano municipal, así como los planes en materia de movilidad y seguridad vial;"*[34]*Participar en la creación y administración de sus reservas territoriales;*
>
> *Intervenir en la regularización de la tenencia de la tierra urbana; Otorgar licencias y permisos para construcciones; en la creación y administración de zonas de reservas ecológicas y en la elaboración y aplicación de programas de ordenamiento en esta materia; Intervenir en la formulación y aplicación de programas de transporte público de pasajeros cuando aquellos afecten su ámbito territorial; Celebrar convenios para la administración y custodia de las zonas federales.*

Por lo que en lo conducente y conforme al artículo 27 constitucional y los párrafos anteriores, los municipios a través de sus Ayuntamientos podrán expedir *"los reglamentos y disposiciones administrativas que*

---

[33]   Párrafo reformado DOF 23-12-1999.

[34]   Inciso reformado DOF 18-12-2020.

fueren necesarios."[35] (DOF, 2021 p.120) para el cumplimiento del marco establecido en la Carta Magna.

Ley de Planeación

En términos generales y de acuerdo con el marco y la estructura normativa jerárquica del Estado Mexicano, los enunciados de la Constitución Política de los Estados Unidos Mexicanos vigente recaen dentro del marco de una Ley. En este sentido la planeación democrática del desarrollo está debidamente instruida en el proyecto nacional por medio de la Ley de Planeación[36]. Esta disposición federal, orienta la elaboración de los planes y programas de ordenamiento urbano en cualquiera de sus vertientes, a través de un objetivo definido y conforme a la legislación aplicable a un proceso de coordinación, concertación e inducción de las acciones para tal fin.

Al respecto, en este estatuto en su artículo 2 se establece que (DOF, 1983 p.2):

> *La planeación deberá llevarse a cabo como un medio para el eficaz desempeño de la responsabilidad del Estado sobre el desarrollo equitativo, incluyente, integral, sustentable y sostenible del país, con perspectiva de interculturalidad y de género, y deberá tender a la consecución de los fines y objetivos políticos, sociales, culturales, ambientales y económicos contenidos en la Constitución Política de los Estados Unidos Mexicanos.*[37]

Por su parte, el artículo tercero dispone que en el proceso de planeación:

---

[35]   Párrafo reformado DOF 29-01-2016. Fracción reformada DOF 23-12-1999.

[36]   Última reforma publicada DOF 16-02-2018.

[37]   Párrafo reformado DOF 23-05-2002, 16-02-2018.

[...] se fijarán objetivos, metas, estrategias y prioridades, así como criterios basados en estudios de factibilidad cultural; se asignarán recursos, responsabilidades y tiempos de ejecución, se coordinarán acciones y se evaluarán resultados.[38]

En ese mismo tenor, en el artículo 34 inciso I, II, III, IV y V de la Ley se destaca la intervención federación-estado para la:

[...] participación en la planeación nacional a través de la presentación de las propuestas que estimen pertinentes; Los procedimientos de coordinación entre las autoridades de todos los órdenes de gobierno para propiciar la planeación del desarrollo integral de cada entidad federativa y de los municipios, y su congruencia con la planeación nacional, así como para promover la participación de los diversos sectores de la sociedad en las actividades de planeación.[39]

Ley Orgánica de la Administración Pública Federal[40]

En relación con los distintos planes y programas a nivel municipal, se refieren a continuación las acciones que a cada dependencia o Secretaría de Estado compete según la Ley Orgánica de la Administración Pública Federal (LOAPF).

Secretaría de Gobernación

[...] fomentar el desarrollo político; contribuir al fortalecimiento de las instituciones democráticas; promover la formación

---

[38]   Párrafo reformado DOF 27-01-2012.

[39]   Fracción reformada DOF 16-02-2018.

[40]   Última reforma publicada DOF 11-01-2021.

cívica y la participación ciudadana, ...; facilitar acuerdos políticos y consensos sociales para que, en los términos de la Constitución y las leyes, se mantengan las condiciones de unidad nacional, cohesión social, fortalecimiento de las instituciones de gobierno y gobernabilidad democrática.

"Formular y coordinar la política de prevención social del delito, cultura de paz y de legalidad, mediante programas que refuercen la inclusión social y la igualdad, estrategias y acciones que contribuyan a prevenir y eliminar la discriminación o vulnerabilidad de grupos sociales, así como diseñar e instrumentar programas para la atención integral a víctimas y coadyuvar en la celebración de acuerdos de colaboración con otras instituciones del sector público y privado;

Secretaría de la Defensa Nacional

A la Secretaría de la Defensa Nacional (SEDENA) es coordinarse con los municipios en materia civil y ambiental, tal y como lo marca el artículo 29 de la Ley:

Asesorar militarmente la construcción de toda clase de vías de comunicación terrestres y aéreas; Establecer acuerdos de colaboración con las instituciones ambientales a efecto de capacitar a los integrantes del servicio militar para la ejecución de actividades tendientes a proteger el medio ambiente, [...]".

Secretaría de Seguridad y Protección Ciudadana

La seguridad pública y la protección ciudadana es fundamental para el desarrollo municipal. Para ello es necesario que los Ayuntamientos tengan una vinculación efectiva con esta secretaría de estado a fin de garantizar la paz municipal. En este sentido y de acuerdo con el artículo

30 Bis de la Ley, le compete a la Secretaría de Seguridad y Protección Ciudadana:

> *Formular y ejecutar las políticas, programas y acciones tendientes a garantizar la seguridad pública de la Nación y de sus habitantes; ...coadyuvar a la prevención del delito; ejercer el mando sobre la fuerza pública para proteger a la población ante todo tipo de amenazas y riesgos, con plena sujeción a los derechos humanos y libertades fundamentales; salvaguardar la integridad y los derechos de las personas; así como preservar las libertades, el orden y la paz públicos;*

> *Proponer acciones tendientes a asegurar la coordinación entre la Federación, la Ciudad de México, los Estados y los municipios en el ámbito del Sistema Nacional de Seguridad Pública; ... participar, de acuerdo con la ley de la materia, de planes y programas de profesionalización para las instituciones policiales; coordinar las acciones para la vigilancia y protección de las instalaciones estratégicas, en términos de ley;*

> *Coordinar, operar e impulsar la mejora continua del sistema de información, reportes y registro de datos en materia criminal; desarrollar las políticas, normas y sistemas para el debido suministro permanente e intercambio de información en materia de seguridad pública entre las autoridades competentes; establecer un sistema destinado a obtener, analizar, estudiar y procesar información para la prevención de delitos, mediante métodos que garanticen el estricto respeto a los derechos humanos;*

Secretaría de Hacienda y Crédito Público

La planeación municipal no es exitosa si no se tienen personal, recursos materiales, pero sobre todo económicos para el cumplimiento de las metas y objetivos planteados en los diferentes programas gubernamentales municipales. En este sentido, la Secretaría de Hacienda y Crédito Público (SHCP) desempeña un papel fundamental a través de la Ley de Ingresos y Ley de Egresos. En este tenor, de acuerdo con la LOAPF en su artículo 31 compete a la SHCP despachar los siguientes asuntos:

Proyectar y coordinar la planeación nacional del desarrollo [...]. Estudiar y formular los proyectos de leyes y disposiciones fiscales y de las leyes de ingresos de la Federación; Realizar o autorizar todas las operaciones en que se haga uso del crédito público; Cobrar los impuestos, contribuciones de mejoras, derechos, productos y aprovechamientos federales en los términos de las leyes aplicables y vigilar y asegurar el cumplimiento de las disposiciones fiscales; Proyectar y calcular los egresos del Gobierno Federal y de la administración pública paraestatal, haciéndolos compatibles con la disponibilidad de recursos y en atención a las necesidades y políticas del desarrollo nacional;

Formular el programa del gasto público federal y el proyecto de Presupuesto de Egresos de la Federación y presentarlos a la consideración del Presidente de la República; Normar, autorizar y evaluar los programas de inversión pública de la administración pública federal;"

Llevar a cabo las tramitaciones y registros que requiera el control y la evaluación del ejercicio del gasto público federal y de los programas y presupuestos de egresos, así como presidir las instancias de coordinación que establezca el Ejecutivo Federal para dar seguimiento al gasto público y sus resultados; Vigilar el cumplimiento de las obligaciones derivadas de las disposiciones en materia de planeación nacional, así como de programación, presupuestación, contabilidad y evaluación;

> *Planear, establecer y conducir la política general en materia de contrataciones públicas reguladas por la Ley de Adquisiciones, Arrendamientos y Servicios del Sector Público y la Ley de Obras Públicas y Servicios Relacionados con las Mismas, propiciando las mejores condiciones de contratación conforme a los principios de eficiencia, eficacia, economía, transparencia, imparcialidad y honradez; emitir e interpretar las normas, lineamientos, manuales, procedimientos y demás instrumentos análogos que se requieran en dichas materias; así como promover la homologación de políticas, normas y criterios en materia de contrataciones públicas;"[41]. Establecer normas y lineamientos en materia de control presupuestario; [...].*

Secretaría del Bienestar

Una de las secretarias que tiene mayor incidencia en el combate a la pobreza y marginación y fortalecer el bienestar humano a nivel territorial, es la Secretaría del Bienestar. Al respecto, el artículo 32 de la LOAPF establece cuales son las atribuciones generales de esta secretaria de despacho para hacer frente y combatir el rezago en que se encuentran gran parte de los municipios del país, convirtiéndola en una de las más importantes para la planeación municipal:

> *Fortalecer el bienestar, el desarrollo, la inclusión y la cohesión social en el país mediante la instrumentación, coordinación, supervisión y seguimiento, en términos de ley y con los organismos respectivos, [...]"[42]. Formular, conducir y evaluar la política general de desarrollo social para el combate*

---

[41] Fracción reformada DOF 02-01-2013. Derogada DOF 18-07-2016. Adicionada DOF 30-11-2018.

[42] Párrafo reformado DOF 30-11-2018.

efectivo a la pobreza;"[43]. "Coordinar las acciones que incidan en el bienestar de la población, el combate a la pobreza y el desarrollo humano, fomentando un mejor nivel de vida;"[44] "Fomentar las actividades de las organizaciones de la sociedad civil en materia de bienestar, combate a la pobreza y desarrollo humano;"[45].

"Evaluar la aplicación de las transferencias de fondos a entidades federativas y municipios, y de los sectores social y privado, que se deriven de las acciones e inversiones convenidas[...].[46] "Coordinar, concretar y ejecutar programas especiales para la atención de los sectores sociales más desprotegidos, en especial de los pobladores de las zonas áridas de las áreas rurales, así como de los colonos de las áreas urbanas, para elevar el nivel de vida de la población, con la intervención de las dependencias y entidades de la Administración Pública Federal correspondientes y de los gobiernos estatales y municipales y, con la participación de los sectores social y privado;"[47].

"Impulsar políticas y dar seguimiento a los programas de inclusión social y protección de los derechos de niñas, niños y adolescentes, en coordinación con las dependencias y entidades de la Administración Pública Federal, así como de los diferentes niveles de gobierno;"[48]. Promover la construcción de obras de infraestructura y equipamiento para fortalecer el desarrollo e inclusión social, en coordinación con los

---

[43] Fracción reformada DOF 02-01-2013.

[44] Fracción reformada DOF 28-12-1994, 30-11-2018.

[45] Fracción reformada DOF 28-12-1994, 02-01-2013, 30-11-2018.

[46] Fracción reformada DOF 02-01-2013.

[47] Fracción reformada DOF 21-05-2003.

[48] Fracción derogada DOF 21-05-2003. Adicionada DOF 02-01-2013.

gobiernos de las entidades federativas y municipales y con la participación de los sectores social y privado;"[49].

Formular, conducir y evaluar la política de fomento y desarrollo del sector social de la economía;"[50]. *"Fomentar la organización y constitución de toda clase de sociedades cooperativas, cuyo objeto sea la producción industrial, la distribución o el consumo, y"*[51]. *"Fomentar y apoyar a las unidades de producción familiar rural de subsistencia;"*[52].

"Impulsar programas para promover la corresponsabilidad de manera equitativa entre las familias, el Estado y las instituciones de asistencia social y privada, para el cuidado de la niñez y de los grupos vulnerables;"[53].

Secretaría de Medio Ambiente y Recursos Naturales

El medio ambiente, los recursos naturales tanto bióticos como abióticos, los ecosistemas y las especies son fundamentales para el desarrollo y vida del ser humano. Estos recursos son en su mayoría insumos para la producción y el bienestar, por tanto, es obligación de las autoridades de los tres niveles de gobierno velar por su protección, manejo, conservación y aprovechamiento sustentable.

Es bajo este último, que la Secretaría de Medio Ambiente y Recursos Naturales (SEMARNAT), de acuerdo con el artículo 32 Bis de la LOAPF tiene por objeto velar por los siguientes temas:

---

[49]   Ibídem

[50]   Fracción reformada DOF 28-12-1994. Derogada DOF 02-01-2013. Adicionada DOF 30-12-2015.

[51]   Ibídem

[52]   Fracción reformada DOF 28-12-1994, 30-11-2000, 02-01-2013, 30-11-2018.

[53]   Ibídem.

Fomentar la protección, restauración, conservación, preservación y aprovechamiento sustentable de los ecosistemas, recursos naturales, bienes y servicios ambientales, con el fin de garantizar el derecho a un medio ambiente sano;"[54]. Formular, conducir y evaluar la política en materia de recursos naturales, siempre que no estén encomendados expresamente a otra dependencia; así como en materia de ecología, saneamiento ambiental, agua, regulación ambiental del desarrollo urbano y de la actividad pesquera, con la participación que corresponda a otras dependencias y entidades;"[55].

Administrar y regular el uso y promover el aprovechamiento sustentable de los recursos naturales que correspondan a la Federación, con excepción de los hidrocarburos y los minerales radioactivos;"[56]. Establecer, con la participación que corresponda a otras dependencias y a las autoridades estatales y municipales, normas oficiales mexicanas sobre la preservación y restauración de la calidad del medio ambiente; sobre los ecosistemas naturales; sobre el aprovechamiento sustentable de los recursos naturales y de la flora y fauna silvestre, terrestre y acuática; sobre descargas de aguas residuales, y en materia minera; y sobre materiales peligrosos y residuos sólidos y peligrosos; así como establecer otras disposiciones administrativas de carácter general en estas materias y otras de su competencia, para la interpretación y aplicación de las normas oficiales mexicanas;"[57].

Organizar y administrar áreas naturales protegidas y coadyuvar en labores de conservación, protección y vigilancia de dichas áreas, cuando su administración recaiga en gobiernos

---

[54] Fracción reformada DOF 30-11-2018.

[55] Fracción reformada DOF 30-11-2000, 30-11-2018.

[56] Fracción reformada DOF 11-08-2014.

[57] Fracción reformada DOF 30-11-2018.

estatales, municipales o en personas físicas o morales;[58].
*Promover el ordenamiento ecológico del territorio nacional,
en coordinación con las autoridades federales, estatales
y municipales, y con la participación de los particulares;
Evaluar la calidad del ambiente y establecer y promover el
sistema de información ambiental, que incluirá los sistemas
de monitoreo atmosférico, de suelos y de cuerpos de agua de
jurisdicción federal, y los inventarios de recursos naturales
y de población de fauna silvestre, con la cooperación de las
autoridades federales, estatales y municipales, las instituciones
de investigación y educación superior, y las dependencias y
entidades que correspondan;"*[59].

*"Desarrollar y promover metodologías y procedimientos
de valuación económica del capital natural y de los bienes
y servicios ambientales que éste presta, y cooperar con
dependencias y entidades para desarrollar un sistema
integrado de contabilidad ambiental y económica; Llevar el
registro y cuidar la conservación de los árboles históricos y
notables del país;*[60]. *Proponer, y en su caso resolver sobre el
establecimiento y levantamiento de vedas forestales, de caza y
pesca, de conformidad con la legislación aplicable, y establecer
el calendario cinegético y el de aves canoras y de ornato;"*

*Estudiar, proyectar, construir y conservar, con la participación
que corresponda a la Secretaría de Agricultura y Desarrollo
Rural, las obras de riego, desecación, drenaje, defensa y
mejoramiento de terrenos y las de pequeña irrigación,
de acuerdo con los programas formulados y que competa*

---

[58]   Ibídem.

[59]   Fracción reformada DOF 25-02-2003.

[60]   Fracción reformada DOF 25-02-2003.

realizar al Gobierno Federal, por sí o en cooperación con las autoridades estatales y municipales o de particulares;[61].

Formular, dar seguimiento y evaluar la política hídrica nacional, así como regular y vigilar la conservación de las corrientes, lagos, esteros, lagunas y humedales de jurisdicción federal, en la protección de cuencas alimentadoras y las obras de corrección torrencial;[62]. *Controlar los ríos y demás corrientes y ejecutar las obras de defensa contra inundaciones;".*

Diseñar y operar, con la participación que corresponda a otras dependencias y entidades, la adopción de instrumentos económicos para la protección, restauración y conservación del medio ambiente;[63].

Secretaría de Energía

Una de las secretarias que tiene alto impacto en la planeación municipal es la Secretaría de energía (SENER). Esto porque de acuerdo con los PMD, muchos de los Ayuntamientos dirigen sus actividades en mejorar la calidad y cantidad del alumbrado público municipal. Al respecto, de acuerdo con el articulo 33 de la LOAPF, entre las competencias que tiene la SENER precisamente están aquellas vinculadas con este tipo de acciones:

Establecer, conducir y coordinar la política energética del país, así como supervisar su cumplimiento con prioridad en la seguridad y diversificación energéticas, el ahorro de energía y la protección del medio ambiente, para lo cual podrá, entre otras acciones y en términos de las disposiciones aplicables,

---

[61]   Fracción reformada DOF 30-11-2000, 30-11-2018.

[62]   Fracción reformada DOF 30-11-2018.

[63]   Fracción reformada DOF 05-12-2013.

coordinar, realizar y promover programas, proyectos, estudios e investigaciones sobre las materias de su competencia;"[64].

Ejercer los derechos de la Nación en materia de petróleo y todos los carburos de hidrógeno sólidos, líquidos y gaseosos; de minerales radioactivos; así como respecto del aprovechamiento de los bienes y recursos naturales que se requieran para generar, transmitir, distribuir, comercializar y abastecer energía eléctrica;[65]. Promover que la participación de los particulares en las actividades del sector sea en los términos de la legislación y de las disposiciones aplicables;". Llevar a cabo la planeación energética a mediano y largo plazos, así como fijar las directrices económicas y sociales para el sector energético nacional, conforme a las disposiciones aplicables."

"Promover el ahorro de energía, regular y, en su caso, expedir normas oficiales mexicanas sobre eficiencia energética, así como realizar y apoyar estudios e investigaciones en materia energética y demás aspectos relacionados;"[66]. Regular y promover el desarrollo y uso de fuentes de energía alternas a los hidrocarburos, así como energías renovables y proponer, en su caso, los estímulos correspondientes;"[67].

Secretaría de Economía

De acuerdo con la LOAPF, compete a la Secretaría de Economía (articulo 34) el desarrollo y manejo de los siguientes temas: Formular y conducir las políticas generales de industria, comercio exterior, interior, abasto y precios del país; …".

---

[64]   Fracción reformada DOF 11-08-2014.

[65]   Fracción reformada DOF 11-08-2014.

[66]   Fracción reformada DOF 30-11-2018.

[67]   Fracción reformada DOF 11-08-2014.

"Regular, promover y vigilar la comercialización, distribución y consumo de los bienes y servicios;". Establecer la Política de industrialización, distribución y consumo de los productos agrícolas, ganaderos, forestales, minerales y pesqueros, en coordinación con las dependencias competentes;[68]. Estudiar, proyectar y determinar los aranceles escuchando la opinión de la Secretaría de Hacienda y Crédito Público; estudiar y determinar las restricciones para los artículos de importación y exportación..."[69].

"Participar con las Secretarías de Bienestar, de Agricultura y Desarrollo Rural y de Medio Ambiente y Recursos Naturales, en la distribución y comercialización de productos y el abastecimiento de los consumos básicos de la población; así como el fomento a la cadena de valor productiva agroalimentaria;"[70]. Fomentar el desarrollo del pequeño comercio rural y urbano, así como promover el desarrollo de lonjas, centros y sistemas comerciales de carácter regional o nacional en coordinación con la Secretaría de Agricultura y Desarrollo Rural;"[71].

"Fomentar, estimular y organizar la producción económica del artesanado, de las artes populares y de las industrias familiares; Promover, orientar, fomentar y estimular el desarrollo de la micro, pequeña y mediana empresa y la microindustria y actividad artesanal, así como regular la organización de productores industriales;"[72].

---

[68] Fracción reformada DOF 22-07-1991.

[69] Fracción reformada DOF 30-11-2018.

[70] Fracción reformada DOF 22-07-1991, 28-12-1994, 30-11-2000, 30-11-2018.

[71] Fracción reformada DOF 28-12-1994, 30-11-2000, 30-11-2018.

[72] Fracción reformada DOF 22-07-1991, 30-11-2018.

Secretaría de Agricultura y Desarrollo Rural

Corresponde conforme al artículo 35 de la LOAPF, en función de sus atribuciones, a la Secretaría de Agricultura y Desarrollo Rural (SADER), conducir la política en materia de agricultura y desarrollo rural a fin de:

> *Formular, conducir y evaluar la política general de desarrollo rural, a fin de elevar el nivel de vida de las familias que habitan en el campo, ...". Promover el empleo en el medio rural, así como establecer programas y acciones que tiendan a fomentar la productividad y la rentabilidad de las actividades económicas rurales; Integrar e impulsar proyectos de inversión que permitan canalizar, productivamente, recursos públicos y privados al gasto social en el sector rural; coordinar y ejecutar la política nacional para crear y apoyar empresas que asocien a grupos de productores rurales a través de las acciones de planeación, programación, concertación, coordinación; de aplicación, recuperación y revolvencia de recursos, para ser destinados a los mismos fines; así como de asistencia técnica y de otros medios que se requieran para ese propósito, con la intervención de las dependencias y entidades de la Administración Pública Federal correspondientes y de los gobiernos estatales y municipales, y con la participación de los sectores social y privada.*

> *Programar y proponer, con la participación que corresponde a la Secretaría de Medio Ambiente y Recursos Naturales, la construcción de pequeñas obras de irrigación; y proyectar, ejecutar y conservar bordos, canales, tajos, abrevaderos y jagüeyes que competa realizar al Gobierno Federal por sí o en cooperación con los gobiernos de los estados, los municipios o los particulares;"[73].*

---

[73] Fracción reformada DOF 30-11-2000.

Asegurar la adecuada distribución, comercialización y abastecimiento de los productos de consumo básico de la población de escasos recursos, con la intervención que corresponda a las Secretarías de Economía y de Bienestar bajo principios que eviten su uso o aprovechamiento indebido o ajeno a los objetivos institucionales;"[74].

Secretaría de Comunicaciones y Transportes

Desde el punto de vista de las comunicaciones, la infraestructura carretera es de los temas centrales en la planeación municipal. En por ello la importancia que tiene la vinculación municipal con este sector a través de la Secretaría de Comunicaciones y Transportes (SCT). En tal sentido, la LOAPF en su artículo 36 define cuales son las actividades y obras que competen a esta Secretaría de despacho, mismas que a continuación se enlistan:

"Formular y conducir las políticas y programas para el desarrollo de las comunicaciones y transporte terrestre y aéreo, ..."[75]. *Regular, inspeccionar y vigilar los servicios públicos de correos y telégrafos y sus servicios diversos;*[76]. *Fijar las normas técnicas del funcionamiento y operación de los servicios públicos de comunicaciones y transportes aéreos y terrestres, y las tarifas para el cobro de los mismos.* [77]

"Fomentar la organización de sociedades cooperativas cuyo objeto sea la prestación de servicios de comunicaciones y transportes; Construir y conservar los caminos y puentes federales. Construir y conservar caminos y puentes, en

---

[74]   Fracción adicionada DOF 30-11-2018.

[75]   Fracción reformada DOF 19-12-2016, 07-12-2020.

[76]   Fracción reformada DOF 24-12-1986, 14-07-2014.

[77]   Fracción reformada DOF 07-12-2020.

cooperación con los gobiernos de las entidades federativas, con los municipios y los particulares; Construir aeropuertos federales y cooperar con los gobiernos de los Estados y las autoridades municipales, en la construcción y conservación de obras de ese género;

Secretaría de Educación Pública

De acuerdo con la LOAPF en su artículo 38, corresponde a esta Secretaría, en términos de sus atribuciones:

"Organizar y desarrollar la educación artística, en coordinación con la Secretaría de Cultura, ..."[78]. Crear y mantener, en su caso, escuelas de todas clases que funcionen en la República, dependientes de la Federación; Vigilar que se observen y cumplan las disposiciones relacionadas con la educación preescolar, primaria, secundaria, técnica y normal, establecidas en la Constitución; Fomentar la lectura en todo el país, especialmente entre la niñez y la juventud, así como crear repositorios en bibliotecas, tanto físicas como digitales, dirigidos a fortalecer la identidad colectiva y acrecentar la memoria histórica y cultural nacional, regional, local y comunitaria;"[79].

Establecer los acuerdos para cumplir lo dispuesto por el artículo 3o. constitucional y promover la participación social en la materia;[80]. Formular normas y programas, y ejecutar acciones para promover la educación física, el deporte para todos, el deporte estudiantil y el deporte selectivo;[81].

---

[78] Fracción reformada DOF 17-12-2015.

[79] Fracción derogada DOF 17-12-2015. Adicionada DOF 30-11-2018.

[80] Fracción reformada DOF 28-12-1994. Derogada DOF 17-12-2015. Adicionada DOF 30-11-2018.

[81] Fracción derogada DOF 25-05-1992. Adicionada DOF 28-12-1994.

Organizar, promover y supervisar programas de capacitación y adiestramiento en coordinación con las dependencias del Gobierno Federal, los Gobiernos de los Estados, del Distrito Federal y de los Municipios, las entidades públicas y privadas."[82]. *Conducir, en el ámbito de su competencia, las relaciones del Poder Ejecutivo con las autoridades educativas de las entidades federativas y de los municipios.*[83].

Secretaría de Salud

Corresponde a la dependencia, el despacho de los siguientes asuntos, esto conforme lo señala el artículo 39 de la LOAPF:

Elaborar y conducir la política nacional en materia de asistencia social, servicios médicos, servicios médicos gratuitos universales y salubridad general, con excepción de lo relativo al saneamiento del ambiente; y coordinar los programas de servicios a la salud de la Administración Pública Federal[84]. *Crear y administrar establecimientos de salud, de asistencia pública, de medicina tradicional complementaria y de formación de recursos humanos en salud, priorizando la movilidad y accesibilidad;"*[85].

Secretaría de Desarrollo Agrario, Territorial y Urbano

De acuerdo con los preceptos del artículo 41 de la LOAPF, corresponde a esta secretaría:

---

[82] Fracción reformada DOF 27-01-2015.

[83] Fracción adicionada DOF 30-11-2018.

[84] Fracción reformada DOF 29-12-1982, 30-11-2018.

[85] Fracción reformada DOF 29-12-1982, 30-11-2018.

Elaborar y conducir las políticas de vivienda, ordenamiento territorial, desarrollo agrario y urbano, así como promover y coordinar con las entidades federativas, municipios..., la elaboración de lineamientos para regular:[86].

a) *"El crecimiento o surgimiento de asentamientos humanos y centros de población;"*

b) *"La regularización de la propiedad agraria y sus diversas figuras que la ley respectiva reconoce en los ejidos, las parcelas, las tierras ejidales y comunales, la pequeña propiedad agrícola, ganadera y forestal, los terrenos baldíos y nacionales, y los terrenos que sean propiedad de asociaciones de usuarios y de otras figuras asociativas con fines productivos;".*

c) *"La elaboración y aplicación territorial de criterios respecto al desarrollo urbano, la planeación, control y crecimiento de las ciudades y zonas metropolitanas del país, además de los centros de población en general, así como su respectiva infraestructura de comunicaciones,*

d) *movilidad y de servicios, para incidir en la calidad de vida de las personas;"*[87].

e) *"Los procesos de planeación de los asentamientos humanos y el desarrollo urbano, los relacionados a la conservación y aprovechamiento sustentable de los ecosistemas, recursos naturales y sus elementos;"*[88].

f) *"La planeación habitacional y del desarrollo de vivienda, ..."*[89].

Resolver las cuestiones relacionadas con los problemas de los núcleos de población ejidal y de bienes comunales, ...con

---

[86] Párrafo reformado DOF 30-11-2018.

[87] Inciso reformado DOF 30-11-2018.

[88] Inciso adicionado DOF 30-11-2018.

[89] Inciso reformado y recorrido DOF 30-11-2018.

la participación de las autoridades estatales y municipales. Planear y proyectar la adecuada distribución de la población y la ordenación territorial de los centros de población, ciudades y zonas metropolitanas, bajo criterios de desarrollo sustentable, conjuntamente con las dependencias y entidades de la Administración Pública Federal competentes, y coordinar las acciones que el Ejecutivo Federal convenga con los gobiernos de las entidades federativas y municipales para la realización de acciones en esta materia, con la participación de los sectores social y privado;".

"Prever a nivel nacional las necesidades de tierra para desarrollo urbano y vivienda, considerando la disponibilidad de agua determinada por la Secretaría de Medio Ambiente y Recursos Naturales y regular, en coordinación con los gobiernos de las entidades federativas y municipales, los mecanismos para satisfacer dichas necesidades. Elaborar, apoyar y ejecutar programas para satisfacer las necesidades de suelo urbano y el establecimiento de provisiones y reservas territoriales para el adecuado desarrollo de los centros de población, en coordinación con las dependencias y entidades de la Administración Pública Federal correspondientes y los gobiernos de las entidades federativas y municipales, y con la participación de los diversos grupos sociales;".

Promover y concertar programas de vivienda y de desarrollo urbano y metropolitano, y apoyar su ejecución, con la participación de los gobiernos de las entidades federativas y municipales, así como de los sectores social y privado, a efecto de que el desarrollo nacional en la materia se oriente hacia una planeación sustentable y de integración.

"Planear, diseñar, promover, apoyar y evaluar mecanismos de financiamiento para el desarrollo regional y urbano, así como para la vivienda, con la participación de las

dependencias y entidades de la Administración Pública Federal correspondientes, de los gobiernos de las entidades federativas y municipales, de las instituciones de crédito y de los diversos grupos sociales;".

"Facilitar las acciones de coordinación de los entes públicos responsables de la planeación urbana y metropolitana en las entidades federativas y municipios cuando así lo convengan. Proyectar y coordinar, con la participación que corresponda a los gobiernos de las entidades federativas y municipales, la planeación regional del desarrollo;".

Secretaría de Cultura

Corresponde, según con el artículo 41 Bis de la LOAPF, a esta secretaría de despacho:

Elaborar y conducir la política nacional en materia de cultura con la participación que corresponda a otras dependencias y entidades de la Administración Pública Federal, así como a las entidades federativas, los municipios y la comunidad cultural[90]. Conservar, proteger y mantener los monumentos arqueológicos, históricos y artísticos que conforman el patrimonio cultural de la Nación. Diseñar, en colaboración con la Secretaría de Educación Pública, los programas de educación artística y estudios culturales que se impartan a todos los niveles en las escuelas e institutos públicos, incorporados o reconocidos, para la enseñanza y difusión de todas las bellas artes y las artes tradicionales o populares[91].

Promover, difundir y conservar las lenguas indígenas, las manifestaciones culturales, las creaciones en lenguas

---

[90]   Fracción reformada DOF 30-11-2018.

[91]   Ibídem.

indígenas, así como los derechos culturales y de propiedad que de forma comunitaria detentan sobre sus creaciones artísticas los pueblos indígenas[92]. *Promover e impulsar, en coordinación con otras dependencias, el uso de las tecnologías de la información y comunicación para la difusión y desarrollo de la cultura, así como de los bienes y servicios culturales que presta el Estado, atendiendo a la diversidad cultural en todas sus manifestaciones y expresiones con pleno respeto a la libertad creativa, conforme a las disposiciones aplicables;".*

Secretaría de Turismo

En materia turística compete a esta secretaría conforme al artículo 42 de la LOAPF:

Formular y conducir la política de desarrollo de la actividad turística nacional. "Promover, en coordinación con las entidades federativas, las zonas de desarrollo turístico nacional y formular en forma conjunta con la Secretaría de Medio Ambiente y Recursos Naturales la declaratoria respectiva[93]. *Regular, orientar y estimular las medidas de protección al turismo, y vigilar su cumplimiento, en coordinación con las dependencias y entidades de la Administración Pública Federal y con las autoridades estatales y municipales;".*

---

[92]   Ibídem.

[93]   Fracción reformada DOF 30-11-2000.

APARTADO V

Marco legal en el estado de Veracruz

Constitución Política del Estado de Veracruz de Ignacio de la Llave

Cumplir y hacer cumplir la Constitución y las leyes federales, los tratados internacionales, esta Constitución y las leyes que de ella emanen. Planear y conducir el desarrollo integral del Estado en la esfera de su competencia; establecer los procedimientos de consulta popular para formular, instrumentar, ejecutar, controlar y evaluar el Plan Veracruzano de Desarrollo y los programas que de éste se deriven.

Promoción y organización de la sociedad para la planeación del desarrollo urbano, cultural, económico y del equilibrio ecológico. Los ayuntamientos, conforme a las leyes, estarán facultados para formular, aprobar y administrar la zonificación y planes de desarrollo urbano municipal; participar en la creación y administración de sus reservas territoriales; autorizar, controlar y vigilar la utilización del suelo en sus jurisdicciones territoriales; intervenir en la regularización de la tenencia de la tierra urbana; otorgar licencias y permisos para construcciones; participar en la creación y administración de zonas de reservas ecológicas y en la elaboración y aplicación de programas de ordenamiento en esta materia y en la formulación de Programas de Desarrollo Regional, así como intervenir en la formulación y aplicación de programas de transporte público de pasajeros cuando afecte su ámbito territorial y celebrar convenios para la administración y custodia de las zonas federales. Para tal efecto y de conformidad con los fines señalados en el párrafo tercero del artículo 27 de la Constitución Federal, expedirán los reglamentos y disposiciones administrativas que fueren necesarias;

Por tal razón, debe existir una vinculación efectiva entre las autoridades y Órganos de Gobierno del estado de Veracruz y los municipios, a través de sus Ayuntamientos, para desarrollar las mejores estrategias y acciones dentro del marco que establece la Ley para el desarrollo y ejecución de los PMD y como resultado de ello se garantice el bienestar de los individuos y de la sociedad a nivel municipal, dentro del marco de una Ley de Planeación, pero ahora de carácter estatal.

Ley de Planeación del Estado de Veracruz Llave (Ley número 12)

En respaldo al proyecto nacional de planeación, la reciente Ley de Planeación del Estado[94] vincula la competencia de la planeación en programas sectoriales de desarrollo regional y urbano, con los gobiernos municipal y federal, esto mediante un proceso de planeación nacional y democrático. Al respecto, y de acuerdo con lo establecido en su artículo primero, la Ley tiene por objeto:

Establecer las normas, principios, bases y directrices de la organización y funcionamiento del Sistema Estatal de Planeación Democrática, para conducir el desarrollo sostenible y lograr el bienestar social, así como generar las condiciones favorables para el crecimiento económico, el empleo y el progreso integral del Estado de Veracruz de

[94]   Nueva Ley número 12 de Planeación del Estado de Veracruz publicada en la Gaceta Oficial # 520 extraordinaria de fecha 28 de diciembre de 2018.

Ignacio de la Llave. Evaluar los resultados logrados en función de los objetivos, proyectos y metas que se establezcan en el Plan Veracruzano de Desarrollo, los Planes Municipales de Desarrollo y los programas que de ellos se deriven. Correlacionar los instrumentos de planeación y evaluación, con la asignación presupuestal anual y modificaciones presupuestales subsecuentes.

En sentido, esta Ley plantea que la planeación estatal, incluidos los municipios, tiene por objeto:

"...desarrollar de manera sostenible al Estado, y deberá llevarse a cabo de acuerdo con los fines políticos, sociales, ambientales, culturales, económicos y demás contenidos en la Constitución Política de los Estados Unidos Mexicanos y en la Constitución Política del Estado de Veracruz de Ignacio de la Llave. La planeación estatal contará, en todas sus etapas, con los recursos presupuestales, humanos, materiales y de innovación tecnológica suficientes y necesarios para el cumplimiento de lo previsto en esta ley."

Y en su artículo tercero, indica que dentro de los instrumentos de planeación a nivel municipal se ubican los "planes municipales de desarrollo y los programas que de ellos se deriven" (GOE, 2018 p.2), así como:

"...los programas y proyectos señalados en esta ley; programas sectoriales, especiales, institucionales, presupuestarios, actividades institucionales y de considerarlo pertinente, para el ejercicio de la administración en curso, planes y programas regionales, metropolitanos, zonas económicas especiales u otras formas que sirvan a la planeación del desarrollo;".

Al respecto, el artículo 5 de la citada Ley establece que "... *los Municipios serán responsables de conducir, en el ámbito de sus competencias, la planeación del desarrollo y de garantizar la participación democrática...",* y para ello se habrá de conformar el Sistema Estatal de Planeación Democrática para el Bienestar (SEPDB), el cual de acuerdo con el artículo 9:

> *"...es el conjunto de normas, órganos y entes públicos que articulan procesos de carácter social, político, económico y técnico, mediante mecanismos de concertación y coordinación con los sectores público y privado para llevar a cabo las acciones de planeación en los niveles estatal, regional, municipal, sectorial e institucional y del cual se derivarán el Plan Veracruzano de Desarrollo, así como los programas y proyectos necesarios para lograr el bienestar social integral y promover el desarrollo sostenible del Estado de Veracruz. La instancia de coordinación para integrar las acciones de formulación, instrumentación, control, evaluación y actualización de los planes y programas..."*

Constituida por diversos órganos de carácter estatal y municipal dentro del cual se encuentran los Consejos de Planeación para el Desarrollo Municipal (COPLADEMUN), que son:

> *"...órganos de participación ciudadana y consulta, auxiliares de los Municipios en las funciones relativas a la planeación, integrado por ciudadanos distinguidos y organizaciones sociales, representativas de los sectores público, social y privado de cada municipio, designados por el cabildo, a propuesta del Presidente Municipal.".*

En términos de los instrumentos que formar parte del SEPDB, a nivel municipal y conforme el artículo 12 cita, se ubican:

a)   Los planes municipales de desarrollo;
b)   Los diversos programas que se deriven del plan municipal;

c) Los programas presupuestarios municipales y sus actividades institucionales;

d) Los convenios de coordinación y colaboración, y

e) Aquéllos que, en la participación de su territorio municipal, todo o en parte, sean necesarios para el establecimiento de otras expresiones geográficas para el comercio nacional e internacional.

Es a partir de esta Ley, marcado en los artículos 17, 18, 44, 45, 46, que los municipios tienen entre otras cosas, la responsabilidad elaborar su PMD con una visión estratégica e integral para el desempeño de sus actividades y que implique un desarrollo sostenible, así como dar puntual seguimiento a los avances y resultados de su implementación, y en su caso hacer las adecuaciones necesarias para guiar la administración municipal hacia el camino del bienestar.

Desde el punto de vista técnico para su elaboración, la Ley es clara en cuanto al método por las cuales debe realizarse el PMD. Al respecto en su artículo 51 se señala que estos planes deben elaborarse mediante la MML, vista y descrita en capítulos anteriores con al menos cuatro elementos:

I) Diagnóstico de la situación actual del territorio municipal, basándose en información oficial, así como la obtenida en las consultas populares o por cualquier otro medio idóneo;

II) Prospectiva de desarrollo municipal y objetivos por lograr;

III) Programas que tendrán continuidad, los que se implementarán y las obras de infraestructura a ejecutar.

IV) Indicadores que permitan dimensionar y evaluar logros esperados.

Mientras que los programas que deriven del PMD, deben realizarse conforme la metodología de la Gestión para Resultados, de acuerdo con lo establecido por el artículo 45 párrafo segundo de la Ley. En este punto, es importante y prioritario dar puntual seguimiento a las acciones y actividades que deriven del PMD pues de acuerdo con el artículo 51 de la Ley, se tienen que rendir cuentas al Consejo Estatal de Planeación Democrática para el Bienestar (CEPLADEB):

> *Los Municipios, en todo tiempo, deberán consolidar la información de sus ingresos, egresos y su relación con los objetivos y prioridades del Plan Municipal de Desarrollo y sus programas, de lo cual darán cuenta al CEPLADEB.*

Ley Orgánica del Poder Ejecutivo del Estado de Veracruz de Ignacio de la Llave (Ley número 58)

Dado que la planeación para el desarrollo se debe establecer con base en las capacidades de organización y funcionamiento de las dependencias centralizadas y las entidades paraestatales en que se divide el poder ejecutivo estatal, al igual que a nivel federal, en el estado de Veracruz cuenta con una Ley Orgánica del Poder Ejecutivo del Estado de Veracruz de Ignacio de la Llave[95] (2001) la cual establece la forma de operar del Estado a través de los distintos Órganos de Gobierno o Secretarías de despacho y por los cuales deberá de conducirse la política estatal.

En este sentido, en el artículo 9 de esta Ley se establece que el poder ejecutivo estará conformado por diversas dependencias del orden centralizado, entre las que se encuentran:

I)   Secretaría de Gobierno.

II)   Secretaría de Seguridad Pública.

III)   Secretaría de Finanzas y Planeación.

IV)   Secretaría de Educación.

---

[95]   Última Actualización publicada en la Gaceta Oficial del Estado el 31 de marzo de 2021.

V)   Secretaría de Desarrollo Económico y Portuario.

VI)   Secretaría de Infraestructura y Obras Públicas.

VII)   Secretaría de Desarrollo Social.

VIII) Secretaria de Medio Ambiente.

IX)   Secretaría de Desarrollo Agropecuario, Rural y Pesca.

X)   Secretaría de Salud.

XI)   Secretaría de Turismo y Cultura.

XII)   Secretaría de Protección Civil.

Al respecto, el artículo 12 inciso señala que *"Los titulares de las dependencias centralizadas tendrán las atribuciones comunes"* para: *Coordinar, en la esfera de su competencia... la política gubernamental". Realizar, ...acciones de coordinación con autoridades federales, de otras entidades federativas o de los Ayuntamientos del Estado; Asesorar a los Municipios del Estado.*

De tal manera que es necesario citar algunas de las disposiciones dentro del marco de la Ley y que obedecen a las facultades de las entidades estatales.

Secretaría de Gobierno

En su artículo 17 de establecer que es la encargada de: *coordinar la política interna de la Entidad".* Por su parte en el artículo 18 se establece que es la encargada de: *Conducir y coordinar, en el marco de la colaboración y el respeto pleno a las facultades constitucionales conferidas, las relaciones del Poder Ejecutivo del Estado con el Poder Legislativo, el Poder Judicial, los órganos constitucionales autónomos, los municipios, las autoridades del gobierno federal y las de los gobiernos de las entidades federativas, así como con las agrupaciones políticas y sociales de la Entidad.*[96]

---

[96]   Reformada el 26 de agosto de 2013.

Llevar el registro de autógrafos y legalizar las firmas... los Presidentes Municipales y Secretarios de los Ayuntamientos, así como de los demás funcionarios a quienes esté encomendada la fe pública para autentificar los documentos en que intervengan o que los mismos expidan;".

Realizar las acciones necesarias para el fortalecimiento y mantenimiento de la integridad, estabilidad y permanencia de las instituciones democráticas que establece el orden constitucional estatal, y promover las condiciones para la construcción y el establecimiento de acuerdos políticos y consensos sociales, con el propósito superior de mantener, mejorar y consolidar las condiciones de gobernabilidad democrática;"[97].

"Planear y fomentar las acciones de desarrollo político para atender los asuntos de gobernabilidad y de participación ciudadana que presenten los ciudadanos y organizaciones sociales, y colaborar, en términos de las leyes aplicables y disposiciones aplicables, en la solución de los problemas planteados; así como en la promoción de la participación ciudadana activa[98]. Dirigir y coordinar las políticas y programas de la Administración Pública en materia de Equidad de Género y Desarrollo Municipal, participando en los Órganos de Gobierno de las instituciones que se constituyan para el manejo y atención de esos temas..."[99].

---

[97]   Adicionada el 26 de agosto de 2013.

[98]   Adicionada el 26 de agosto de 2013.

[99]   Reformada el 13 de enero de 2006.

Secretaría de Seguridad Pública

En términos de seguridad, la Ley establece en su artículo 18 Bis, que la Secretaría de Seguridad Pública:

> Es la dependencia encargada de coordinar, dirigir y vigilar la política estatal en materia de seguridad pública, privada, policía y apoyo vial, tránsito, transporte, prevención y reinserción social, y los centros de internamiento especial para adolescentes[100].

Por su parte, el artículo 18 Ter. Menciona que el titular de la Secretaría tendrá como atribución: *Colaborar, cuando así lo soliciten, con las autoridades federales, estatales o municipales, en la protección de la integridad física de las personas y en la preservación de sus bienes, en caso de peligro o amenaza, por situaciones que impliquen violencia o riesgo inminente.*[101]

Secretaría de Administración y Finanzas

Para el caso de la Secretaría de Administración y Finanzas, la Ley establece en el artículo 19[102] que esta Secretaría: *Es la dependencia responsable de coordinar la administración financiera y tributaria de la Hacienda Pública, de proyectar con la participación de las dependencias y entidades de la administración pública estatal, la planeación, programación, presupuestación y evaluación estratégica de los programas presupuestarios, en el marco del sistema de planeación democrática, ... y el control del ejercicio de los recursos financieros, ..."*

---

[100]   Reformada el 26 de agosto de 2013.

[101]   Ibídem.

[102]   Reformado el 26 de agosto de 2013.

Por su parte, en el artículo 20 establece las atribuciones del titular de la dependencia, entre las que destacan: *Coordinar la política económica para el desarrollo del Estado. Vigilar el cumplimiento de las leyes, reglamentos y demás disposiciones de carácter financiero aplicables en el Estado.* [103] *Proponer al Ejecutivo Estatal los proyectos de leyes, reglamentos, decretos, acuerdos, y órdenes sobre asuntos financieros, tributarios; y en las materias de planeación, programación, presupuestación y evaluación de la actividad económica del Estado.*

> *Proporcionar, en coordinación con la Secretaría de Gobierno, la asesoría que, en materia de interpretación y aplicación de leyes tributarias del Estado, le sea solicitada por los Ayuntamientos; así como realizar una labor permanente de difusión y orientación fiscal. Verificar que los subsidios y transferencias de fondos, realizados por el Ejecutivo del Estado con cargo a su propio presupuesto, a favor de los Municipios o de instituciones de los sectores social y privado, se apliquen conforme a los términos establecidos en los programas aprobados al efecto. "Asesorar al Gobernador del Estado en la elaboración de los convenios que celebre con los Gobiernos Federal y Municipales, o de otras entidades federativas, en materia de planeación, programación, supervisión y evaluación del desarrollo del Estado;".*

De lo anterior se entiende que es esta Secretaría quien implementa los lineamientos a seguir en materia de desarrollo.

---

[103]   Reformado el 28 de noviembre de 2002.

Secretaría de Educación

En materia de educación, esta Secretaría *"es la dependencia responsable de coordinar la política educativa del Estado"*[104], otorgándole a si titular, entro otras, la atribución de:

> *Gestionar, elaborar y, en su caso ejecutar, los acuerdos de coordinación que en materia educativa celebre el Estado con el Gobierno Federal o con los Ayuntamientos.*[105] *Promover, en coordinación con la Secretaría de Salud y Asistencia y la de Desarrollo Regional, los programas de educación para la salud y mejoramiento del ambiente. Mantener por sí o en coordinación con los Gobiernos Federal y Municipales, programas permanentes de Educación para Adultos, de Alfabetización, de Enseñanza Abierta y para trabajadores, así como la acreditación de estudios; constituirá una prioridad la erradicación del Analfabetismo, particularmente en los sectores sociales afectados con mayor grado de marginación.*[106] *Coordinar acciones en materia deportiva con autoridades municipales, estatales, federales o de otras Entidades Federativas.*

Así, llevar a cabo cualquier acción en materia educativa y que de acuerdo con el PMD se requiera, el municipio podrá recurrir a la Secretaría de Educación para su respaldo, orientación y ejecución.

Secretaría de Desarrollo Económico y Portuario

No menos importante, una de las dependencias con mayor empuje para el desarrollo de los municipios, es la Desarrollo Económico y Portuario (SEDECOP). Esta dependencia es la *"...responsable de*

---

[104]   Artículo 19 de la Ley reformado el 13 de enero de 2006.

[105]   Articulo 22 de la Ley fracción VII.

[106]   Reformada el 13 de enero de 2006.

coordinar la política de desarrollo industrial, comercial y portuario de la entidad".[107]. Entre las atribuciones que tiene su titular y que inciden en el desarrollo municipal se encuentran, según el artículo 24 de la Ley:

> *Formular, dirigir, coordinar y controlar, en términos de las leyes de la materia y del Plan Veracruzano de Desarrollo, la ejecución de las políticas y programas del Estado de Veracruz, relativos al fomento de las actividades industriales, mineras y portuarias.*[108]

Lo anterior resulta importante, ya que el Plan Municipal de Desarrollo (PMD) se elabora con base a los lineamientos estratégicos del Plan Veracruzano de Desarrollo (PVD) vigente. Sobre ello, son otras atribuciones de su titular:

> *Promover, fomentar y, en su caso, participar en la creación de parques, corredores y ciudades industriales así como en el desarrollo de la infraestructura portuaria y servicios conexos de competencia estatal.*[109]

> *En coordinación con la Secretaría de Desarrollo Agropecuario, Rural y Pesca participar en los programas de impulso a la industria piscícola en el Estado.*[110] *Promover y fomentar en los términos de las leyes de la materia, la inversión, las coinversiones y la instalación de empresas convenientes al Estado de Veracruz, que generen fuentes de empleo. Promover, en coordinación con la Secretaría de Finanzas y Planeación, el otorgamiento de estímulos de orden tributario con objeto*

---

[107] Articulo 23 reformado el 13 de enero de 2006.

[108] Reformado el 13 de enero de 2006.

[109] Ibídem.

[110] Reformado el 18 de mayo de 2012.

*de fomentar la participación de la iniciativa privada en la
inversión productiva en la Entidad;".*

*Fomentar y organizar la producción económica del artesanado
y de las industrias familiares, así como su comercialización.
Fomentar el desarrollo del pequeño comercio. Proveer técnica
y económicamente el establecimiento de polos de desarrollo
turístico en el territorio del Estado. Promover y apoyar el
desarrollo de la infraestructura turística y estimular la
participación de los sectores de la población interesados en
la inversión en esta actividad. Fomentar la organización
y constitución de toda clase de sociedades cooperativas,
así como otorgar la asistencia técnica y administrativa
correspondiente".*[111]

Secretaría de Infraestructura y Obras Públicas

Otra base del proceso de desarrollo está representada por la Secretaría
de Infraestructura y Obras Públicas (SIOP). En el trabajo resultado de la
planeación municipal, resulta trascendental la participación activa de
esta Secretaría puesto que es ella la *"responsable de coordinar, ejecutar,
controlar y evaluar las políticas y programas sectoriales en materia
de vías de comunicación de jurisdicción estatal y ejecución de obras
públicas...".*[112] En este punto, corresponde a su titular (artículo 26):

*Dirigir, proyectar y controlar la presupuestación y ejecución
de los programas relativos a la construcción, conservación
y rehabilitación de las vías de comunicación estatales.
Formular el programa anual de construcción, conservación
y rehabilitación de autopistas, carreteras, caminos, puentes,
aeropuertos, estaciones y centrales de telecomunicaciones o de*

---

[111] Reformado el 13 de enero de 2006.

[112] Reformado el 26 de agosto de 2013.

autotransporte de jurisdicción estatal, de acuerdo con el Plan Veracruzano de Desarrollo y con la participación, en su caso, de los Ayuntamientos de la Entidad, las autoridades estatales y federales o los particulares vinculados con estas autoridades.

Trabajar coordinadamente con los Ayuntamientos de la Entidad, así como con dependencias y entidades estatales o federales y personas físicas o morales del sector privado, vinculadas con el desarrollo de las vías de comunicación estatal. Convenir, concertar y establecer las medidas adecuadas de relación interinstitucional con las dependencias y entidades de los órdenes federal, estatal y municipal, mediante la suscripción de instrumentos jurídicos necesarios para la debida concurrencia, administración y aplicación de los recursos financieros destinados a la realización de las obras públicas que sean competencia de la Secretaría;".

De tal forma que los PMD se podrán adherir a los objetivos del PVD vigente, donde podrán solicitar la intervención de la SIOP en las acciones correspondientes para la mejora principalmente de las vías terrestres de comunicaciones y el desarrollo de infraestructura estratégica para el municipio.

Secretaría de Desarrollo Social

En términos del desarrollo social y del bienestar, la Ley en su artículo 27 establece que la Secretaría de Desarrollo Social (SEDESOL) es la dependencia responsable de:

Coordinar la política de desarrollo social para el combate a la pobreza, en particular en materia de asentamientos humanos, ordenamiento del desarrollo territorial regional y urbano y de vivienda, así como ejecutar las obras de infraestructura social básica; y de normar y coordinar la prestación de servicios de asistencia pública y social, incluyendo el Sistema Estatal de Desarrollo Humano y Familiar.[113]

Para ello, ha establecido que dentro de las atribuciones que tiene su titular, están las de:

Coordinar con la Federación y los municipios, las acciones que incidan en el combate a la pobreza, propiciando la simplificación de los procedimientos y el establecimiento de medidas de seguimiento y control.[114]*Formular y apoyar la ejecución de las políticas y los programas nacionales, regionales, estatales y municipales para el desarrollo urbano y la vivienda, así como para el señalamiento y cuidado de los destinos y usos de las reservas territoriales para asentamiento humano.*[115] *Formular, ejecutar y evaluar los programas estatales y regionales en materia de asentamientos humanos y vivienda, con base en el Plan Nacional y el Plan Veracruzano de Desarrollo.*[116]

Promover la ejecución de programas de vivienda en coordinación con las autoridades federales y de los ayuntamientos en cuya jurisdicción habrán de efectuarse las obras respectivas.[117] *Promover la coordinación con dependencias y entidades, federales o municipales, a fin de atender los problemas relativos a los asentamientos humanos irregulares en la Entidad.*[118] *Asesorar y coadyuvar con los ayuntamientos que así lo soliciten, en el señalamiento de las*

---

[113]   Reformado el 26 de agosto de 2013.

[114]   Reformado el 13 de enero de 2006.

[115]   Ibídem.

[116]   Ibídem.

[117]   Ibídem.

[118]   Ibídem.

reservas territoriales destinadas a casas habitación, viviendas de interés social, parques, mercados, corredores industriales, zonas ecológicas, escuelas y otros espacios de naturaleza similar.[119]

"Promover y apoyar, conforme al Plan Veracruzano de Desarrollo, la realización de los programas regionales y municipales de desarrollo urbano, para la integración de un Sistema Estatal del Suelo.[120]*Promover, en coordinación con las autoridades federales y estatales, la realización de obras e instalaciones para dotar a los núcleos de población de servicio eléctrico, particularmente en las zonas rurales; así como de agua y gas.*[121]

Desde el punto de vista de la planeación municipal, la SEDESOL es una de las dependencias del poder ejecutivo estatal que destaca por su participación en el impulso del desarrollo social de manera conjunta con los municipios, además de las prerrogativas que esto tiene en materia de desarrollo urbano y de las ciudades, otorgando especial cuidado a la reubicación de familias asentadas en zonas de riesgo, a la selección de las zonas de reserva habitacional, al ordenamiento urbano, a los programas de vivienda, y a las acciones en favor del medio ambiente, esta última como se verá para el caso de la Secretaría de Medio Ambiente.

Secretaría de Medio Ambiente

En materia ambiental, es la Secretaría de Medio Ambiente (SEDEMA) la instancia estatal encargada de *"...coordinar las políticas de preservación y restauración del equilibrio ecológico, forestal, cambio*

---

[119]   Reformado el 13 de enero de 2006.

[120]   Ibídem.

[121]   Ibídem.

climático y protección del medio ambiente en el Estado; para ello, su titular tendrá como facultades:

> *"Formular, conducir, instrumentar y evaluar la política estatal en materia de equilibrio ecológico, forestal, protección del medio ambiente y cambio climático;".*[122]

> *"Promover el cumplimiento de las disposiciones legales en materia ambiental y forestal, en coadyuvancia con los órganos encargados de la ejecución de los planes, programas y proyectos en materia de fomento y conservación del equilibrio ecológico, forestal y la protección del medio ambiente en el ámbito de su competencia;".*[123]

> *"Participar en la formulación de planes, programas y proyectos estatales y municipales evaluando su apego al marco normativo aplicable en materia de equilibrio ecológico, forestal, protección al ambiente, riesgo ambiental y cambio climático;".*[124]

> *"Establecer las políticas generales, emitir los criterios y las normas técnicas en materia de prevención y gestión integral de residuos sólidos y de manejo especial, en los términos que definan los instrumentos jurídicos de la materia, implementando en su caso acciones mediante la concertación con la Federación, Estados y Municipios;".*

> *"Evaluar el impacto ambiental generado por la realización de obras o actividades, así como, en su caso, los estudios de riesgo que le correspondan, siempre que no sean expresamente reservados a la Federación o a los municipios, otorgando*

---

[122]   Reformado el 18 de mayo de 2012.

[123]   Reformado el 18 de mayo de 2012.

[124]   Ibídem.

la expedición de las autorizaciones correspondientes, de conformidad con la normatividad aplicable;".

"Formular la política de ordenamiento ecológico del territorio desarrollando, ejecutando y evaluando los programas correspondientes a través de la concertación con los municipios y todos los sectores sociales;".

"Prevenir, medir y controlar la contaminación a la atmósfera y la emisión de ruidos, vibraciones, energía térmica, lumínica, radiaciones electromagnéticas y olores perjudiciales en el territorio del Estado y en el ámbito de jurisdicción estatal, generada por fuentes fijas o móviles;".

"Emitir y aplicar los lineamientos, criterios y normas ambientales en las materias y actividades que causen o puedan causar desequilibrios ecológicos o daños al ambiente en el Estado, con la participación de los municipios y de la sociedad en general cuando lo considere conveniente, dentro de su ámbito de competencia;".

Secretaría de Desarrollo Agropecuario, Rural y Pesca

En materia agropecuaria, de acuerdo con lo establecido en el artículo 29 de la Ley, compete a la Secretaría de Desarrollo Agropecuario, Rural y Pesca (SEDARPA)

Fomentar la producción agrícola, frutícola y obras de infraestructura hidráulica, así como apoyar, vigilar y, en su caso, ejecutar los programas que en esta materia deriven del Plan Veracruzano de Desarrollo.[125] Fomentar, conforme a

---

[125]   Ibídem.

los programas en la materia, la organización, capacitación y asistencia técnica a los productores agrícolas y frutícolas.[126] *Proponer, apoyar y, en su caso, ejecutar las obras de infraestructura agrícola e hidráulica en cooperación con el Gobierno Federal, los Municipios y las organizaciones de productores.*

Como es de observarse, los PMD podrían apegarse a los lineamientos que emanan de esta dependencia, esto con el fin de estar acorde con las acciones y actividades que guía esta Secretaría dentro del sector primario y con ello sea posible tener impactos positivos en la economía de las familias de los municipios y sobre todo en beneficio y desarrollo del campo veracruzano.

Secretaría de Salud

De acuerdo con el artículo 31 de la Ley, se establece que es la Secretaría de Salud (SS) la encargada y responsable de los programas de salud pública y seguridad social en la entidad.[127]

Planear, normar, establecer, coordinar y evaluar el sistema integral de servicios de salud y asistencia para el Estado, en coordinación con instituciones de salud de los gobiernos federal, estatal, y municipales, y con instituciones sociales y privadas. "Planear y ejecutar las campañas sobre servicios médicos, salud pública y asistencia social, y, en su caso, en coordinación con las autoridades federales y municipales, e instituciones sociales y privadas.

Por lo anterior, en aspectos y temas relacionados con la salud pública, el municipio no deberá escatimar la aplicación de recursos y el trabajo

---

[126]   Reformado el 18 de mayo de 2012.

[127]   Reformada el 13 de enero de 2006.

colaborativo con la SS, ya que ésta la responsable de velar por la salud de los veracruzanos.

Secretaría de Turismo y Cultura

De acuerdo con el artículo 32 Bis de la Ley, es la Secretaría de Turismo y Cultura la entidad responsable de:

> *Coordinar y ejecutar las políticas públicas y los programas de desarrollo y promoción del sector turístico de la Entidad; promover e impulsar la difusión de la cultura y de las manifestaciones artísticas; la conservación y el incremento del patrimonio cultural, histórico y artístico de Veracruz.*[128] *Proveer técnica y económicamente el establecimiento de polos de desarrollo turístico en el territorio del Estado, de acuerdo con el Plan Veracruzano de Desarrollo, proponiendo al Ejecutivo Estatal la declaratoria de actividad prioritaria para impulsar nuevos proyectos y productos turísticos. Dirigir, coordinar, organizar y fomentar con los Ayuntamientos e instituciones públicas o particulares el establecimiento de casas de cultura y museos, así como promover la creación y mantenimiento de otras instituciones culturales.*

Hasta este punto, es importante que aquello municipios que tienen potencial en materia turística, alineen las acciones y metas de su PMD a lo establecido por el PVD o Plan Nacional, con la finalidad de instrumentar un proyecto de desarrollo viable y exitoso.

Secretaría de Protección Civil

Uno de los temas centrales en la administración pública municipal es la prevención del riesgo de desastres. En este sentido, en el ejecutivo

---

[128]   Reformado el 31 de julio de 2013.

estatal y municipal recae la responsabilidad de mantener bajo protección en materia de protección civil a los habitantes de cada municipio del estado. Es este aspecto, la articulo 12 Quater de la Ley Orgánica del Poder Ejecutivo del Estado establece que será la Secretaría de Protección Civil (SPC), en coordinación con los Ayuntamientos, la entidad responsable de:

La organización, coordinación y operación del Sistema de Protección Civil del Estado y tendrá la competencia que expresamente le confiere la Ley de Protección Civil y demás legislación aplicable.[129] Integrar, coordinar y supervisar el Sistema Estatal de Protección Civil para garantizar, mediante la adecuada planeación, la prevención, auxilio y recuperación de la población y de su entorno ante situaciones de emergencia o desastre, incorporando la participación activa de la ciudadanía, tanto en lo individual como en lo colectivo.

Investigar, estudiar y evaluar riesgos y daños provenientes de elementos, agentes naturales o humanos que puedan dar lugar a desastres, integrando y ampliando los conocimientos de los fenómenos perturbadores en coordinación con las dependencias y entidades federales, estatales y municipales. "Participar en la evaluación y cuantificación de los daños ocasionados por fenómenos perturbadores, cuando así lo determinen las disposiciones específicas aplicables.

"Establecer los planes y programas básicos de atención, auxilio y apoyo al restablecimiento de la normalidad, frente a los desastres provocados por los diferentes tipos de agentes perturbadores. Finalmente, como se observa, el municipio cuenta por ley con el respaldo de todas las Secretarías de Gobierno, no obstante, la normatividad que rige el actuar de los servidores públicos del Ayuntamiento está contenida en la

---

[129]   Adicionado el 1 de febrero de 2008.

Ley Orgánica del Municipio Libre, misma que a continuación se comenta.

Ley Orgánica del Municipio Libre (Ley número 9)

Los municipios, a través de sus Ayuntamientos, son la base de la división territorial y de la organización y administración pública. Al respecto, a nivel local, el 5 de enero de 2001 fue publicada en la Gaceta Oficial del Estado la Ley número 9 Orgánica del Municipio Libre.[130] En ella se establecen todas las disposiciones constitucionales en torno a su organización y al desempeño de sus funciones, y que de acuerdo con el artículo 2 de la citada Ley, estos contarán, *con personalidad jurídica y patrimonio propios, será gobernado por un Ayuntamiento y no existirá autoridad intermedia entre éste y el Gobierno del Estado"* (p.2).

En términos de las atribuciones que los Ayuntamientos tienen y de manera particular aquellas referidas a la elaboración, ejecución y aplicación del Plan Municipal de Desarrollo, en el artículo 35 fracción IV se establece que estos tendrán que:

> *Elaborar, aprobar, ejecutar, evaluar, actualizar y publicar el Plan Municipal de Desarrollo, de conformidad con la ley de la materia en los términos que la misma establezca e incorporando en el documento los principios de protección integral e interés superior de niñas, niños y adolescentes, igualdad y no discriminación, establecidos en la Constitución Política de los Estados Unidos Mexicanos, en la Constitución Política del Estado Libre y Soberano de Veracruz de Ignacio de la Llave, así como lo previsto en los tratados internacionales en materia de derechos humanos.*[131]

---

[130]   Última actualización el 21 de abril de 2021.

[131]   Reformado, primer párrafo en la Gaceta Oficial del Estado el 11 de marzo de 2021.

Capacitar a los servidores públicos de los diversos niveles y áreas de la administración pública municipal, a los Agentes y Subagentes Municipales, y Comisario Municipal, así como a los Jefes de Manzana, para el ejercicio de sus respectivas funciones, incorporándoles para ello conocimientos sobre el respeto de los derechos humanos, el interés superior de la niñez y la igualdad sustantiva;".[132]

"Realizar estudios, programas de investigación, capacitación y orientación en materia de desarrollo municipal, comunitario, de participación social, perspectiva de género y desarrollo sostenible.".[133]

"Celebrar, previo acuerdo de sus respectivos Cabildos, convenios de coordinación y asociación con otros municipios para la más eficaz prestación de los servicios públicos o el mejor ejercicio de las funciones que les correspondan. En este caso y tratándose de la asociación de municipios del Estado con municipios de otras entidades federativas, deberán contar con la aprobación del Congreso. Asimismo, cuando a juicio del Ayuntamiento respectivo sea necesario, podrán celebrar convenios con el Estado para que éste, de manera directa o a través del organismo correspondiente, se haga cargo en forma temporal de algunos servicios públicos o funciones, o bien se presten o ejerzan coordinadamente por el Estado y el propio municipio;".

"Formular, aprobar y administrar, en términos de las disposiciones legales aplicables, la zonificación y planes de desarrollo urbano municipal;".

---

[132]   Reformada en la Gaceta Oficial del Estado el 11 de marzo de 2021.

[133]   Reformada en la Gaceta Oficial del Estado el 18 de noviembre de 2020.

"Participar, en términos de las disposiciones legales aplicables, en la creación y administración de sus reservas territoriales, así como autorizar, controlar y vigilar la utilización del suelo en sus jurisdicciones territoriales, e intervenir en la regularización de la tenencia de la tierra urbana;".

"Desarrollar planes y programas destinados a la preservación, restauración, aprovechamiento racional y mejoramiento de los recursos naturales, de la flora y la fauna existentes en su territorio y al desarrollo forestal sustentable; así como para la prevención y combate a la contaminación ambiental, ...y convocar, coordinar y apoyar a los ejidatarios, propietarios y comuneros, para que establezcan cercas vivas en las zonas limítrofes de sus predios o terrenos y reforestar las franjas de tierra al lado de los ríos y cañadas;".

Por su parte, dentro de las actividades y funciones que el Ayuntamiento tiene a su cargo para impulsar el bienestar de los habitantes de su municipio, las cuales son parte importante del PMD, se encuentran aquellas del artículo 35 fracción XXV aquí listadas:

a) Agua potable, drenaje, alcantarillado, tratamiento y disposición de sus aguas residuales;

b) Alumbrado público;

c) Limpia, recolección, traslado, tratamiento y disposición final de residuos sólidos municipales;

d) Mercados y centrales de abasto;

e) Panteones;

f) Rastros;

g) Construcción y mantenimiento de calles, parques y jardines y su equipamiento;

h) Seguridad pública, policía preventiva municipal, protección civil y tránsito;

i)   Promoción y organización de la sociedad, para la planeación del desarrollo urbano, cultural, económico, forestal y del equilibrio ecológico con un enfoque de igualdad y sostenibilidad.[134]

j)   Salud pública municipal; y

k)   Las demás que el Congreso del Estado determine según las condiciones territoriales, socioeconómicas y la capacidad administrativa y financiera de los municipios.

En términos de la evaluación de las acciones del Ayuntamiento, el artículo 35 fracción XLIX establece que el Ayuntamiento deberá *"Determinar y expedir los indicadores de desempeño"*.[135]. Así mismo, en el artículo 41 y 39 de la Ley se establece que este ente deberá conformar comisiones municipales a través de sus ediles las cuales:

> *Son órganos que se integran por ediles con el propósito de contribuir a cuidar y vigilar el correcto funcionamiento del Ayuntamiento, en lo relativo a la planeación estratégica municipal, en la prestación de los servicios públicos municipales, así como de las dependencias, pudiendo, en su caso, proponer el nombramiento, suspensión o remoción de sus empleados.".[136]*

Al respecto, del listado establecido en el artículo 40 de la Ley (29 comisiones) destaca la comisión municipal de *"Planeación del Desarrollo Municipal"*.[137]

Dentro de este marco de rendición de cuentas y transparencia municipal, como la única vía para un desarrollo verdadero, en el artículo

---

[134]   Reformado en la Gaceta Oficial del Estado el 18 de noviembre de 2020.

[135]   Reformada en la Gaceta Oficial del Estado el 27 de febrero de 2015.

[136]   Reformado en la Gaceta Oficial del Estado el 26 de diciembre de 2017.

[137]   Adicionada en la Gaceta Oficial del Estado el 26 de diciembre de 2017.

115 queda establecido que todos los servidores públicos municipales deberán, entre otras cosas:

> *Responsabilizarse por el incumplimiento de las obligaciones que les impongan esta ley, las demás leyes del Estado, así como las leyes federales y los tratados internacionales, conforme a los supuestos y consecuencias previstos en la Constitución Política del Estado, en esta ley y en la ley en materia de responsabilidad de los servidores públicos.*[138]

Por otro lado, dado que uno de los objetivos centrales del PMD es impulsar el desarrollo social, económico y ambiental de los municipios a través de sus Ayuntamientos, con el propósito de ser consecuentes con dicho objetivo, el ayuntamiento también podrá apoyarse en otras figuras organizadas de la sociedad, como son los Agentes y Subagentes Municipales, así como los Jefes de Manzana, el Comisario Municipal y Órganos Auxiliares, cuyas atribuciones están enmarcadas en los artículos 62 y 63 al 66 de la Ley, respectivamente.

Finalmente, es importante recalcar que las obras, acciones estratégicas y programas emanados del PMD podrán contar con los tres tipos de relación legal entre el municipio y otras figuras gubernamentales como es la federación, el estado, y otros municipios a través de distintos acuerdos de coordinación, convenios y asociación municipal, con base en las atribuciones de cada entidad y conforme a lo estipulado en el artículo 103 de la Ley, que a tenor cita:

> *Los municipios podrán celebrar, previa autorización del Congreso del Estado o de la Diputación Permanente,...convenios de coordinación o asociación, siempre y cuando generen un beneficio en la prestación de los servicios a los habitantes:".*[139]

---

[138]   Reformado en la Gaceta Oficial del Estado el 17 de febrero de 2016.

[139]   Reformado primer párrafo en la Gaceta Oficial del Estado el 29 de noviembre de 2018.

No sin dejar pasar un aspecto que de igual manera debe ser tomado en cuenta al momento de realizar el PMD: las obras, acciones estratégicas y programas, según consta en el artículo 35 fracción IV párrafo segundo, deberán estar alineadas a la Agenda 2030 de las Naciones Unidas (ONU, 2015):

> *Con la finalidad de que las localidades y asentamientos urbanos o rurales que forman parte del municipio, así como la administración municipal, sean inclusivos, seguros, resilientes y sostenibles, el Plan Municipal de Desarrollo también deberá alinearse con los Objetivos de Desarrollo Sostenible contenidos en la Agenda 2030 para el Desarrollo Sostenible y demás resoluciones e instrumentos adoptados en esa materia, por los organismos internacionales de los que el Estado Mexicano es miembro y signatario.".[140]*

Los Objetivos de Desarrollo Sostenible y la Agenda 2030 del PNUD

Hoy en día, la ciencia, la investigación y diversos estudios relacionados con la planeación y el desarrollo del ser humano ha mostrado la necesidad de un cambio drástico y un replanteamiento en la forma en cómo se debe llevar la administración de los recursos en general y con los cotidianamente se vive. Los problemas del medio ambiente y el incremento de la pobreza y la desigualdad social han sido las causas principales por las que se ha planteado una nueva visión del desarrollo actual y futuro, percibido por un alto costo ambiental y social (Gutiérrez Garza y González Gaudiano, 2017).

Desafortunadamente, a lo largo de la historia, el desarrollo marcado por un crecimiento demográfico, económico y tecnológico, trajo como

---

[140] Adicionado, segundo párrafo en la Gaceta Oficial del Estado el 18 de noviembre de 2020.

consecuencias distintas presiones sobre el ambiente y la sociedad, dando como resultado un proceso de desestabilización en los distintos sistemas soporte de la vida, lo que trajo consigo una severa crisis social, ambiental y climática dada principalmente por un uso irracional de los recursos naturales, por un desarrollo basado en una economía pura e incluso por una mala planeación y un mal diseño de políticas públicas derivadas de esta.

Al respecto, en 1972 el Programa de Naciones Unidas para el Medio Ambiente reconoció el modelo de crecimiento económico impulsado desde la Revolución Industrial no podría sostenerse más con una visión infinita de los recursos. Tal reconocimiento lo hace a partir del hecho de que esta situación pone en riesgo la existencia del ser humano en el planeta, producto del desgaste del medio ambiente (Santana Moncayo y Aguilera Peña, 2017).

Ante este escenario desolador, surge la necesidad de revertir estos procesos de desestabilización social, climática y ambiental mediante una planeación efectiva, de la mano con la construcción del conocimiento, capaz de garantizar en el tiempo y el espacio la vida y desarrollo del ser humano y sus relaciones con el entorno natural.

Fue así que la Organización de las Naciones Unidas en 1987, plantea una primera aproximación de un nuevo modelo de desarrollo conocido como *desarrollo sustentable* basado en un escenario donde el desarrollo fuese compatible con la conservación de la calidad del medio ambiente y con la equidad social, a través del informe de Brundtland (ONU, 1987). Este informe planteaba de manera general tos situaciones fundamentales ((Gutiérrez Garza y González Gaudiano, 2017 p.122-123):

> *"Un desarrollo que satisfaga las necesidades del presente sin comprometer la capacidad de que las generaciones futuras puedan satisfacer las suyas; Poner en marcha un tipo de desarrollo donde evolucionen paralelamente los sistemas económicos y la biosfera, de manera en que la producción realizada del primero, asegure la reproducción de la segunda, constituyendo una relación mutuamente complementaria".*

Fue a partir de este momento que surgieron diversas declaratorias e informes hasta llegar a lo que hoy conocemos como los Objetivos del Desarrollo Sostenible (ODS) (Tabla 6).

Tabla 6.- Informes internacionales asociados al Desarrollo Sostenible.

Año	Carta	Declaratoria
1987	Informe de Brundtland	Primera definición del desarrollo sustentable
1988	Resolución 43/53	La protección del clima mundial para las generaciones presentes y futuras
1989	Resolución 44/206	Los posibles efectos adversos del ascenso del nivel del mar sobre las islas y las zonas costeras, especialmente las zonas costeras bajas
1989	Resolución 44/172	Ejecución del Plan de Acción para combatir la desertificación
1989	Resolución 44/228	La protección del clima mundial para las generaciones presentes y futuras
1992	Convención marco de las Naciones Unidas sobre el cambio climático	Reconociendo que los cambios del clima de la Tierra y sus efectos adversos son una preocupación común de toda la humanidad
1992	Declaración de Río	Se propone el concepto de servicios ambientales y su aplicación mediante 3 ejes: Combate al cambio climático, conservación de la biodiversidad y prevención de la degradación ambiental, así como la desertificación del suelo.
1997	Protocolo de Kyoto	Promover el desarrollo sostenible, cumpliendo con los compromisos cuantificados de limitación y reducción de las emisiones de GEI
2000	Objetivos del desarrollo del milenio	Compromisos adoptados por los países para el desarrollo humano
2002	Cumbre de Johannesburgo	Desarrollo sostenible, en que la gente pueda satisfacer sus necesidades sin perjudicar el medio ambiente
2015	Acuerdo de París	Reducir las emisiones de GEI y adoptar medidas de adaptación para reducir la vulnerabilidad ante el C.C.
	Objetivos de Desarrollo sostenible	Busca que el desarrollo de los países y sus sociedades emprendan un nuevo camino con el que mejorar la vida en el planeta.

Fuente: elaboración propia.

Sobre los últimos, los Objetivos del Desarrollo Sostenible (ODS) son el resultado de la Agenda 2030 constituida en el año 2015 por los países miembros de las Naciones Unidas (incluido México) y cuyos objetivos principales se centran en reducir y eliminar la pobreza, en la protección de los ecosistemas y los recursos naturales tanto bióticos como abióticos y en garantizar una vida plena y en mejores condiciones de desarrollo para los habitantes en todo el mundo (ONU, 2015). Lo anterior mediante la consecución de 17 objetivos particulares y 169 metas globales de carácter integral que abarcan tres esferas fundamentales: económica, social y ambiental (Figura 17).

Figura 17.- Objetivos del Desarrollo Sostenible.

Fuente: www.un.org

A nivel nacional, México, obligado por este acuerdo internacional, debe de orientar ejecutar sus acciones y estrategias al logro de los 17 ODS, todo ello dentro del marco de planeación nacional, estatal y municipal, siendo que, a este último, la Ley Orgánica del Municipio Libre (Ley número 9) en artículo 35 fracción IV párrafo segundo, obliga a los Ayuntamiento a desempeñarse y alinearse dentro de este marco de planeación para el desarrollo a la Agenda 2030 de las Naciones Unidas.

En este sentido, los PMD deben elaborarse a partir de las metodologías previamente descritas y contener dentro de sus objetivos, metas e indicadores, aquellos que se señalan a nivel nacional (Tabla 7) para el cumplimiento de la agenda 2030[141]. Adicional podrá contener aquellos que considere pertinente de acuerdo con el análisis de su árbol de problemas y árbol de objetivos al momento de realizar el Plan Municipal.

Tabla 7.- Objetivos, metas e indicadores de los ODS 2030 para México.

 Objetivo 1. Poner fin a la pobreza en todas sus formas y en todo el mundo.

Meta	Indicador
Pobreza multidimensional por grupos en condiciones de desventaja (desagregación por personas indígenas, adultos mayores, personas con discapacidad, Niños y niñas (menores de 18 años) y Primera infancia (0 a 5 años) basada en el enfoque de derechos.	Porcentaje de la población en situación de pobreza.
Construcción de un sistema de protección social con un enfoque de derechos.	Porcentaje de población de 65 años o más que recibe jubilación o pensión (contributiva o no contributiva) por un monto igual o mayor al valor promedio de la línea de pobreza por ingresos.
	Porcentaje de población ocupada con hijos(as) de seis años o menos que tiene acceso a guarderías como prestación laboral.
	Porcentaje de la población que presenta carencia por acceso a la seguridad social

---

[141]   Para más detalles consultar los indicadores totales y globales de la agenda 2030 en http://agenda2030.mx/ODSopc.html?ti=T&goal=0&lang=es#/ind

2. Poner fin al hambre, lograr la seguridad alimentaria y la mejora de la nutrición y promover la agricultura sostenible.

Meta	Indicador
Acceso a una alimentación nutritiva y de calidad.	Porcentaje de la población menor de 5 años que presenta algún tipo de desnutrición crónica.
Seguridad alimentaria.	Porcentaje de población con carencia por acceso a la alimentación

 Objetivo 3. Garantizar una vida sana y promover el bienestar de todos a todas las edades.

Meta	Indicador
Lograr la cobertura universal de salud.	Porcentaje de la población que presenta carencia por acceso a los servicios de salud.
	Porcentaje de población que tardaría menos de dos horas en llegar a un hospital en caso de una emergencia.
	Porcentaje de población derechohabiente que no gastó en servicios médicos la última vez que recibió atención médica.
Fomentar la cultura preventiva, de atención temprana y hábitos saludables para enfermedades no transmisibles, con énfasis en la prevención de la obesidad adulta e infantil.	Porcentaje de la población con sobrepeso y obesidad

 Objetivo 4. Garantizar una educación inclusiva y equitativa de calidad y promover oportunidades de aprendizaje permanente para todos.

Meta	Indicador
Asegurar el acceso efectivo a educación inclusiva, equitativa, intercultural e integral de calidad con particular atención a grupos en desventaja (desagregación por sexo, población indígena, personas con discapacidad, etc.).	Porcentaje de alumnos que asisten a escuelas de organización escolar multigrado.

Disposición de entornos favorables para el proceso de enseñanza-aprendizaje.	Prevalencia de la violencia en el ámbito escolar, entre las mujeres de 15 años y más en los últimos 12 meses.

 Objetivo 5. Lograr la igualdad de género y empoderar a todas las mujeres y las niñas.

Meta	Indicador
Participación paritaria y efectiva de las mujeres en la vida política, económica y pública, con énfasis en la disminución de brechas de todo tipo, entre ellas la salarial, en el mercado laboral y la carga doméstica de cuidados.	Razón del ingreso laboral de trabajadoras/ trabajadores por nivel de escolaridad
	Brecha en el tiempo promedio que hombres y mujeres destinan a quehaceres domésticos, por grupos de edad.
	Brecha en el tiempo promedio que niñas y niños destinan a quehaceres domésticos y al cuidado a integrantes del hogar.
	Ingreso laboral real promedio de las personas ocupadas según sexo.
Eliminar todas las formas de violencia contra las mujeres y las niñas en los ámbitos público y privado.	Proporción de mujeres y niñas a partir de 15 años de edad que han experimentado violencia física o sexual por otro agresor distinto a la pareja y pidieron apoyo a alguna institución o presentaron una queja o denuncia ante alguna autoridad.

 Objetivo 6. Garantizar la disponibilidad y la gestión sostenible del agua y el saneamiento para todos.

Meta	Indicador
Acceso universal y equitativo al agua potable y saneamiento, prestando especial atención al acceso transgeneracional al agua y el acceso de grupos en desventaja.	Porcentaje de la población que tiene acceso al agua entubada diariamente así como al saneamiento
Gestión integral de los recursos hídricos a todos los niveles.	Grado de presión sobre el recurso hídrico de las zonas centro y norte del país.
	Rendimiento de cultivos básicos en zonas con infraestructura de riego.

Objetivo 7. Garantizar el acceso a una energía asequible, fiable, sostenible y moderna para todos.

Meta	Indicador
Incentivar la Eficiencia Energética.	Intensidad energética nacional.

Objetivo 8. Promover el crecimiento económico sostenido, inclusivo y sostenible, el empleo pleno y productivo y el trabajo decente para todos.

Meta	Indicador
Acceso a la capacitación y al empleo sin discriminación de ningún tipo, con especial énfasis en las y los jóvenes.	Tasa de participación laboral de personas con discapacidad.
Inclusión financiera.	Porcentaje de la población entre 18 y 70 años que tiene una cuenta en un banco u otra institución financiera.
Crecimiento de la productividad laboral.	Variación anual del índice global de productividad laboral de la economía.

Objetivo 9. Construir infraestructuras resilientes, promover la industrialización inclusiva y sostenible y fomentar la innovación.

Meta	Indicador
Aumentar la contribución de la micro, pequeña y mediana empresa al empleo y al Producto Interno Bruto (PIB).	Porcentaje del Personal Ocupado generado por las MIPyMEs (comprende asalariados, no asalariados y empleos suministrados por otra razón social).

Objetivo 10. Reducir la desigualdad en los países y entre ellos.

Meta	Indicador
Lograr un crecimiento económico incluyente, con énfasis en las poblaciones vulnerables. Crecimiento económico de los más pobres.	Crecimiento del ingreso corriente de los hogares por deciles.
Adoptar políticas, especialmente fiscales, salariales y de protección social, y lograr progresivamente una mayor igualdad de ingresos y de oportunidades.	Porcentaje que representa el ingreso de los dos deciles más bajos sobre los dos deciles más altos.
Eliminar la negación de derechos por motivos de orientación sexual.	Porcentaje de la población de 18 años y más, bisexual, gay o lesbiana u otra orientación que declaró la negación de sus derechos en los últimos cinco años.

Objetivo 12. Garantizar modalidades de consumo y producción sostenibles.

Meta	Indicador
Impulsar la Economía circular, en las cadenas productivas y de consumo, entendida como el rediseño de productos y servicios para disminuir desechos al final de la vida útil de los mismos y desde una perspectiva de valor compartido.	Porcentaje de municipios con disposición adecuada de residuos sólidos urbanos.

Objetivo 15. Proteger, restablecer y promover el uso sostenible de los ecosistemas terrestres, gestionar sosteniblemente los bosques, luchar contra la desertificación, detener e invertir la degradación de las tierras y detener la pérdida de biodiversidad.

Meta	Indicador
Gestión sostenible de los recursos naturales y la distribución equitativa de los beneficios derivados de éstos considerando el patrimonio biocultural de las comunidades.	Tasa anual de deforestación bruta a nivel nacional.

Objetivo 16. Promover sociedades pacíficas e inclusivas para el desarrollo sostenible, facilitar el acceso a la justicia para todos y construir a todos los niveles instituciones eficaces e inclusivas que rindan cuentas.

Meta	Indicador
Impulsar una política de paz y seguridad integral.	Prevalencia delictiva en personas de 18 años y más.
	Prevalencia delictiva en unidades económicas.
Recuperar el Estado de derecho y garantizar la igualdad de acceso a la justicia para todos.	Porcentaje de personas de 18 años y más que identifica a la policía estatal y manifiesta que le genera confianza.
	Porcentaje de personas de 18 años y más que identifica a los Ministerios Públicos y Procuradurías y manifiesta que les generan confianza.
	Porcentaje de delitos ocurridos y denunciados donde el trato recibido al momento de la denuncia, por parte del Ministerio Público, fue calificado como bueno o excelente.
	Porcentaje de la población de 18 años y más que tiene mucha o algo de confianza en jueces.
Reducir la corrupción y el soborno en todas sus formas	Porcentaje de la población de 18 años y más satisfecha con el servicio de calles y avenidas.
	Porcentaje de la población de 18 años y más satisfecha con el servicio de parques y jardines públicos.
	Porcentaje de la población de 18 años y más satisfecha con el servicio de agua potable.
	Porcentaje de la población de 18 años y más satisfecha con el servicio de drenaje y alcantarillado.
	Porcentaje de la población de 18 años y más satisfecha con el servicio de alumbrado público.
	Porcentaje de la población de 18 años y más satisfecha con el servicio de recolección de basura.

Objetivo 17. Fortalecer los medios de implementación y revitalizar la Alianza Mundial para el Desarrollo Sostenible.

Meta	Indicador
Consolidar una política tributaria efectiva.	Autonomía fiscal de gobiernos subnacionales (ingresos propios como proporción de los ingresos totales de estados).
Coherencia de las políticas para el desarrollo sostenible en el sector cultural.	Crecimiento de los puestos de trabajo ocupados totales del sector de la cultura.
	Crecimiento real del valor agregado bruto del sector de la cultura.

Fuente: http://agenda2030.mx/#/home

BIBLIOGRAFÍA

Cabrero Mendoza, E., & Nava Campos, G. (2000). *Gerencia pública municipal conceptos básicos y estudios de caso* (Primera Re). Centro de Investigación y Docencia Económicas.

Carrillo Huerta, M. M. (2002). Estudios regionales en México. Selección de teoría y evidencia empírica: desarrolloregional,. *Estudios demográficos y urbanos*, *19*(2), 8. https://doi.org/http://dx.doi.org/10.24201/edu.v19i2.1194

DOF. (1976). *Diario Oficial de la Federación. Ley Orgánica de la Administración Pública Federal* (p. 156).

DOF. (1983). *Diario Oficial de la Federación. Ley de Planeación* (p. 27).

DOF. (2021). *Diario Oficial de la Federación. Constitución Política de los Estados Unidos Mexicanos. Diario Oficial de la Federación* (p. 354).

GOE. (1917). *Gaceta Oficial del Estado. Constitución Política del Estado de Veracruz de Ignacio de la Llave* (p. 105).

GOE. (2001). *Gaceta Oficial del Estado. Ley Orgánica del Municipio Libre (Ley número 9)* (p. 117).

GOE. (2018). *Gaceta Oficial del Estado. Ley de Planeación del Estado de Veracruz Llave (Ley número 12)* (p. 18).

Guillaumin Tostado, A. (1985). *La dimensión científica y técnologica de la planificación regional* (Primera ed). Instituto de Investigaciones y Estudios Superiores Económicos y Sociales - Universidad Veracruzana. https://cdigital.uv.mx/handle/123456789/5755

Gutiérrez Garza, E., & González Gaudiano, É. (2017). *De las teorías del desarrollo al desarrollo sustentable: construcción de un enfoque multidisciplinario* (Segunda ed). Universidad autónoma de Nuevo León, Siglo XXI editores.

Matus, C. (1980). *Planificación de situaciones*. Fondo de Cultura Económica.

Matus, C. (1987). Planificación y Gobierno. *Revista de la CEPAL, 31,* 259. https://doi.org/doi.org/10.18356/6781dae9-es

Miklos, T. (2000). *Las decisiones políticas: de la planeación a la acción.* SIGLO XXI Editores.

Miklos, T., & Tello, M. E. (2007). *Planeación prospectiva: Una estrategia para el diseño del futuro* (LIMUSA (ed.); Primera ed). Centro de estudios proespectivos de la fundación Javier Barros Sierra A.C.

Morsink, H. J. (1981). Aspectos sociológicos del desarrollo regional y de la planeación del desarrollo regional: algunos problemas y algunas áreas para la investigación futura. En *Aspectos sociales de la política y de la planeación regional* (Primera ed, p. 520). Fondo de Cultura Económica.

ONU. (1987). *Informe de Brundtland.*

ONU. (2015). *La Agenda 2030 y los Objetivos del Desarrollo Sostenible: una oportunidad para América Latina y el Caribe.* Programa de Naciones Unidas para el Desarrollo. https://www.undp.org/content/undp/es/home/sustainable-development-goals.html

Ortegón, E., Pacheco, J. F., & Prieto, A. (2005). *Metodología del marco lógico para la planificación, el seguimiento y la evaluación de proyectos y programas.*

Papandreou Andreas, G. (1981). La planeación social en un marco regional. En *Aspectos sociales de la política y de la planeación regional* (Primera ed, p. 520). Fondo de Cultura Económica.

Santana Moncayo, C. A., & Aguilera Peña, R. G. (2017). *Fundamentos de la gestión ambiental* (N. A. González Rodriguez & A. M. Colina Vargas (eds.); Universida).

SEDEMA. (2017). *Ficha técnica del programa presupuestario 2016 - 2018. Unidad de Cambio Climático.*

Silva Lara, I. (2003). *Metodología para la elaboración de estrategias de desarrollo local.*

UNAM, & SHCP. (2017). *Metodología del Marco Lógico y Matriz de Indicadores para Resultados* (Núm. 3; Diplomado Presupuesto Basado en Resultados 2017).

Vela-Martínez, R. (2006). *Propuesta metodológica para el análisis socioeconómico regional: la Huasteca veracruzana.* Atlantic International University.

Vela-Martínez, R. (2020). *Economía regional: teoría y praxis* (Corpus uni). Universidad Veracruzana. https://doi.org/10.25009/uv.2394.1517

ANEXO 1.- VARIABLES E INDICADORES PARA EL EJE RECTOR INDIVIDUO

Fenómeno que atiende	Categoría	Variable	Indicador
Desarrollo humano	Educación	Alfabetismo	Índice de escolaridad
			Índice de alfabetización
		Matriculación	Tasa Bruta de matriculación
	Salud	Mortalidad	Tasa de mortalidad infantil
			Índice de sobrevivencia infantil
	Ingreso	Ingreso	Ingreso per cápita ajustado en dólares
			Ingreso marginal
			Ingreso marginal ponderado
Marginación	Educación	Analfabetismo	Porcentaje de población analfabeta
		Educación primaria	Porcentaje de población sin primaria terminada
	Vivienda	Agua	Porcentaje de viviendas sin acceso al agua
		Drenaje y excusado	Porcentaje de viviendas sin drenaje ni excusado
		Piso de tierra	Porcentaje de viviendas sin piso de tierra
		Energía eléctrica	Porcentaje de viviendas sin energía eléctrica
		Hacinamiento	Porcentaje de viviendas con algún nivel de hacinamiento
	Bienes	Acceso a refrigerador	Porcentaje de viviendas sin refrigerador

Educación	Analfabetismo	Población analfabeta	Porcentaje de población analfabeta
	Educación media superior	Población instrucción media superior	Porcentaje de la población de 15 años y más con instrucción media superior
	Educación superior	Población instrucción superior	Porcentaje de la población de 18 años y más con educación superior
	Escolaridad	Escolaridad promedio	Grado de escolaridad promedio
	Asistencia escolar	Asistencia escolar nivel básico	Porcentaje de asistencia escolar en el nivel de educación básica
		Asistencia escolar nivel medio superior	Porcentaje de asistencia escolar en el nivel de educación medio superior
		Asistencia escolar nivel superior	Porcentaje de asistencia escolar en el nivel de educación superior
	Espacios educativos	Equipamiento a nivel básico	Porcentaje de cobertura de equipamiento educativo a nivel básico
		Equipamiento a nivel medio superior	Porcentaje de cobertura de equipamiento educativo a nivel medio superior
		Equipamiento a nivel superior	Porcentaje de cobertura de equipamiento educativo a nivel superior
Salud	Esperanza de Vida al Nacer	Esperanza de Vida al Nacer	Proyección de los años de vida de un recién nacido
	Servicios de salud	Población derechohabiente	Porcentaje de la población derechohabiente a los servicios de salud
		Sistema público de salud	Porcentaje de la población derechohabiente a los servicios de salud pública
			Número de unidades médicas
			Número de unidades médicas por derechohabientes a los servicios de salud pública
			Distancia a la unidad médica con capacidad de hospitalización
			Unidades médicas con equipamiento de primer nivel
			Unidades médicas con equipamiento de segundo nivel
			Unidades médicas con equipamiento de tercer nivel

ANEXO 2.- VARIABLES E INDICADORES PARA EL EJE RECTOR FAMILIA

Fenómeno que atiende	Categoría	Variable	Indicador
Ingreso familiar	Ingreso	Ingreso	Porcentaje de la Población económicamente activa
			Porcentaje de la Población económicamente activa mujeres
			Porcentaje de la Población económicamente activa hombres
			Porcentaje de la población que recibe menos de un salario mínimo vigente
			Porcentaje de la población que recibe entre uno y dos salarios mínimos vigentes
			Porcentaje de la población que recibe más de dos salarios mínimos vigentes
		Distribución del ingreso	Índice de ingreso marginal
Dependencia económica	Dependencia económica	Integrantes de la familia dependientes	Cociente de dependencia económica normal
			Cociente de dependencia económica ajustado
Jefe de familia	Familia	Género	Porcentaje de hogares con Jefe de familia mujer
			Porcentaje de hogares con Jefe de familia hombre

Fenómeno que atiende	Categoría	Variable	Indicador
Vivienda	Calidad de la vivienda	Materiales de la vivienda	Porcentaje de viviendas con techos de materiales ligeros o deleznables (que no sea concreto o loza)
			Porcentaje de viviendas con techos de materiales resistentes (concreto o loza)
			Porcentaje de viviendas con paredes de materiales ligeros o deleznables (que no sea ladrillo, tabique o block)
			Porcentaje de viviendas con paredes de materiales resistentes (ladrillo, tabique o block)
			Porcentaje de viviendas con pisos de tierra.
			Porcentaje de viviendas con pisos recubiertos.
	Integración familiar	Hacinamiento	Porcentaje de viviendas habitadas con un cuarto
			Porcentaje de viviendas habitadas con dos cuartos
			Porcentaje de viviendas habitadas con tres cuartos
			Porcentaje de viviendas habitadas con cuatro cuartos o más
			Porcentaje de viviendas por grado de hacinamiento
	Situación de la vivienda	Habitabilidad de la vivienda	Valor nominal de las viviendas propias habitadas
			Valor relativo de las viviendas propias habitadas
			Porcentaje de las viviendas habitadas que son propias
			Porcentaje de las viviendas habitadas que son rentadas
		Tenencia	Porcentaje de las viviendas habitadas que representan un patrimonio (pagadas y sin adeudos)
	Bienes	Menaje	Porcentaje de viviendas con televisión o pantalla
			Porcentaje de viviendas con automóvil o motocicleta
			Porcentaje de viviendas con refrigerador
			Porcentaje de viviendas con computadora o tablet

Fenómeno que atiende	Categoría	Variable	Indicador
Abasto de servicios públicos	Infraestructura	Energía eléctrica	Porcentaje de viviendas con servicio de energía eléctrica
		Agua	Porcentaje de viviendas con servicios de agua potable entubada
		Drenaje	Porcentaje de viviendas con servicios de drenaje
		Cobertura de servicios básicos	Índice de infraestructura básica

ANEXO 3.- VARIABLES E INDICADORES PARA EL EJE RECTOR PERSPECTIVA SOCIOECONÓMICA MUNICIPAL

Fenómeno que atiende	Categoría	Variable	Indicador
Social	Dinámica poblacional	Población	Porcentaje de la población municipal femenina
			Porcentaje de la población municipal masculina
			Índice de masculinidad
		Estructura poblacional	Porcentaje de la población menor a 10 años
			Porcentaje de la población entre 11 y 18 años
			Porcentaje de la población entre 19 y 34 años
			Porcentaje de la población entre 35 y 64 años
			Porcentaje de la población mayor a 65 años
		Crecimiento poblacional	Tasa de crecimiento poblacional
		Densidad poblacional	Densidad de población por kilómetro cuadrado
			Densidad de población por asentamiento humano
		Población rural	Porcentaje de la población de tipo rural
		Población urbana	Porcentaje de la población de tipo urbana
		Migración	Porcentaje de la población nacida en el municipio
Económico	Población productiva	Población económicamente inactiva	Porcentaje de la población estudiantes
			Porcentaje de la población amas de casa
			Porcentaje de la población jubilada
		Población económicamente activa	Porcentaje de la población de 12 años y más ocupada
			Porcentaje de la población económicamente activa ocupada
			Porcentaje de la población económicamente activa desempleada
			Porcentaje de la población económicamente activa ocupada como empleado u obrero

Fenómeno que atiende	Categoría	Variable	Indicador
			Porcentaje de la población económicamente activa ocupada como jornalero o peón
			Porcentaje de la población económicamente activa ocupada por cuenta propia
	Mano de obra por sectores	Sector primario	Porcentaje de la población económicamente activa empleada en el sector primario
		Sector secundario	Porcentaje de la población económicamente activa empleada en el sector secundario
		Sector terciario	Porcentaje de la población económicamente activa empleada en el sector terciario y de servicios
	Capacidad de la planta laboral	Trabajadores excedentes	Índice de trabajadores excedentes
	Especialización económica	Sector primario	Índice de localización del sector primario
			Índice de urbanización económica del sector primario
		Sector secundario	Índice de localización del sector secundario
			Índice de urbanización económica del sector secundario
		Sector terciario	Índice de localización del sector terciario o de servicios
			Índice de urbanización económica del sector terciario o de servicios
	Calificación de la mano de obra	Calificación para el trabajo	Índice de calificación para el trabajo para el sector primario
			Índice de calificación para el trabajo para el sector secundario
			Índice de calificación para el trabajo para el sector terciario o de servicios
		Agricultura	Tipos de cultivos
			Superficie sembrada
			Superficie cosechada
			Volumen de la cosecha
			Valor de la cosecha
			Rendimientos físicos
			Rendimientos monetarios

Fenómeno que atiende	Categoría	Variable	Indicador
		Apicultura	Cantidad de colmenas
			Volumen de cera y miel
			Valor de la producción de cera y miel
		Ganadería	Hato ganadero por especie
			Volumen de producción de carne en canal
			Aprovechamiento alterno: doble propósito, volumen de leche, huevo, lana.
			Valor del aprovechamiento alterno: doble propósito, leche, huevo y lana.
		Silvicultura	Número de especies maderables.
			Volumen de la producción (metros cúbicos en rollo)
			Valor de la producción forestal (miles de pesos)
			Aprovechamiento alterno: oxígeno, musgo, palma, bambú, hojas, etc.
			Valor de la producción del aprovechamiento alterno
		Pesca	Especies comercializables.
			Volumen producido.
			Valor de la producción en pesca
	Planta productiva del sector secundario	Industria	Tipo de industria
			Tamaño de la industria
			Valor de producción de la industria
	Planta productiva del sector terciario	Comercio	Tipo de comercio
			Tamaño del comercio
			Valor de producción del comercio
		Servicios	Tipo de servicios
			Tamaño de los servicios
			Valor de producción de los servicios

ANEXO 4.- VARIABLES E INDICADORES PARA EL EJE RECTOR DEL ENTORNO MICROREGIONAL

Fenómeno que atiende	Categoría	Variable	Indicador
Asentamientos humanos	Micro región	Dispersión poblacional	Índice de Dispersión poblacional (IDP)
		Atomización	Índice de Dispersión Territorial Rural (IDTR)
		Dispersión y atomización	Índice de Dispersión Territorial (IDT)
	Región y micro región	Municipios aledaños	Fisiografía
		Integración vial.	Kilómetros de los ejes carreteros
		Identidad regional	Cultural (aspectos de tradición).
			Social (aspectos históricos).
			Político (aspectos electorales).
		Sistema de ciudades	Ciudades periféricas con integración funcional
			Índice de atracción poblacional
			Índice de potencial demográfico
Integración regional	Ubicación geográfica	Localización	Coordenadas
		Contigüidad	Lugares contiguos.
	Medio físico y biológico	Geología.	Provincia geológica.
		Orografía.	Principales elevaciones y valles terrestres
		Hidrografía.	Principales cuerpos de agua
		Edafología.	Tipo de suelo
		Climatología.	Tipo de clima, precipitación promedio
		Principales ecosistemas.	Tipos de flora y fauna endémicos
		Recursos naturales.	Los que hay en abundancia: bosques, agua, minerales, etc.
		Vegetación y uso actual del suelo	Tipo de vegetación y su uso (agropecuario, forestal, etc.)
			Porcentaje del suelo por usos (agricultura, ganadería, urbano, industria, etc.)

Fenómeno que atiende	Categoría	Variable	Indicador
		Carreteras y caminos	Índice de accesibilidad
			Índice de perificidad
			Porcentaje de kilometraje por tipo de vía terrestre (camino rural, carretera federal, carretera estatal)
			Porcentaje de kilómetros por recubrimiento de las vías de comunicación (asfalto, cemento hidráulico, grava, sin recubrimiento)
			Aforo vehicular
		Carreteras y caminos	Índice de accesibilidad
			Índice de perificidad
			Porcentaje de kilometraje por tipo de vía terrestre (camino rural, carretera federal, carretera estatal)
			Porcentaje de kilómetros por recubrimiento de las vías de comunicación (asfalto, cemento hidráulico, grava, sin recubrimiento)
			Aforo vehicular
		Puentes	Número de puentes
			Tipo de puentes[142]
			Kilometraje de los puentes
			Número de localidades que une
		FFCC	Kilometraje de las vías de FFCC
			Número de localidades que une
			Tipo de transporte: pasajeros o carga
		Correos y telégrafos	Número de oficinas.
			Volumen de cartas y telégrafos.

142 La Secretaría de Comunicaciones y Transportes clasifica los puentes en tres tipos, según su longitud: chicos cuando son menores a 30 mts; medianos cuando tienen una longitud de 30 a 100 mts; y grandes cuando superan los 100 metros.

Fenómeno que atiende	Categoría	Variable	Indicador
		Telefonía	Porcentaje de viviendas habitadas que cuentan con servicio telefónico
			Porcentaje de viviendas habitadas que cuentan con telefonía celular o dispositivos móvil para ello
			Tipo de servicios de telefonía (rural o urbano)
			Infraestructura o tipo de tecnología (red, móvil, microondas, fibra óptica)
		Internet	Porcentaje de viviendas que cuentan con servicio y acceso al internet
			Número de compañías que ofertan el servicio
			Tipo de tecnología (cable o Satelital o fibra óptica)
		Aeropuertos	Tipo de aeropuerto
			Cantidad de pistas de despegue – aterrizaje
			Longitud de las pistas de despegue – aterrizaje
			Número de usuarios
		Prensa	Número de radiodifusoras
			Número de televisoras
			Prensa escrita
			Prensa en medios digitales y electrónicos
Integración urbana	Equipamiento urbano	Nodos e hitos	Cociente de infraestructura deportiva
			Número de equipamientos de deportes
			Número de equipamientos de esparcimiento
			Número de equipamientos de cultura
		Estructura bancaria y financiera	Número de instituciones bancarias
			Número de instituciones financieras
			Número de servicios de empeño

Fenómeno que atiende	Categoría	Variable	Indicador
		Religión	Número de iglesias por tipo de religión
		Comercio y abasto	Mercados (superficie, cantidad, ubicación y cobertura)
			Centrales de abasto
			Tiendas institucionales
		Panteones	Número de panteones (ubicación y cobertura)
			Porcentaje de ocupación
		Áreas naturales protegidas	Porcentaje de cobertura sobre superficie municipal
			Ubicación
			Decreto
		Reforestación	Porcentaje de la superficie municipal reforestada
			Número y nombre de especies reforestadas
Sustentabilidad	Medio ambiente	Agua	Fuentes de abastecimiento por tipo (pozo, arroyos, manantiales, ríos, etc)
			Volumen de extracción diario
		Efluentes	Número de plantas de tratamiento de aguas residuales
			Tipo de tecnología
			Capacidad instalada (Volumen)
			Volumen promedio de agua tratada al día.
		Residuos sólidos	Volumen de basura generada al año.
			Tipo de disposición (tiradero, relleno, etc.).
			Número de equipamientos de disposición.
		Geológico	Movimientos telúricos
			Peligrosidad sísmica
Riesgos	Riesgos		Deslaves
			Movimientos de ladera
		Volcánico	Erupción de volcanes
			Desgajamiento de cerros

Fenómeno que atiende	Categoría	Variable	Indicador
		Hidrometeorológicos	Bajas temperaturas
			Granizadas
			Heladas
			Nevadas
			Ciclones tropicales (ciclones, tormentas, huracanes, depresiones, ondas tropicales)
			Deslaves y deslizamientos
			Inundaciones
			Lluvias
			Sequias
			Fuertes vientos
			Temperatura extrema (altas temperaturas)
		Químicos	Contaminación de suelo
			Contaminación de agua
			Contaminación de aire
			Fuentes fijas
			Fuentes móviles
		Industrial	Fuga de sustancias peligrosas, flamables o tóxicas
			Fuentes fijas
		Incendios forestales	Superficie siniestrada
			Tipo de incendio
			Origen del incendio
		Sanitario	Epidemias
		Biológicos	Plagas o enfermedades

Fenómeno que atiende	Categoría	Variable	Indicador
Vulnerabilidad	Vulnerabilidad	Social	Expresiones sociales: plantones violentos, huelgas importantes, desperfecto en la operación de servicios, enfrentamientos callejeros, entre facciones religiosas o políticas en las que hubiera que lamentar pérdida de vidas humanas, acciones de sabotaje o terrorismo.
		Vial	Ubicación de calles, cruceros y avenidas peligrosas.
		Población	Personas menores de 15 y mayores de 65
			Personas con algún tipo de discapacidad

Printed in the United States
by Baker & Taylor Publisher Services